dtv

Dieses Taschenbuch enthält – in französisch-deutschem Paralleldruck – 44 kleine Geschichten aus Frankreich: im ersten Teil 28 geographisch geordnete, im zweiten Teil 16 historisch geordnete.

Viele der Inhalte sind allbekannt. Aber von Jeanne d'Arc, zum Beispiel, *kann* man nichts Unbekanntes mehr erzählen. Und beim guten König Henri IV. etwa das sonntägliche Huhn im Topf nicht zu erwähnen – oder bei der Schlacht von Waterloo das letzte dort gesprochene Wort – oder bei de Gaulle den ersten Appell der France Libre: das wäre uns künstlich vorgekommen.

Doch neben solchen frankreichkundlichen Allerweltsgegenständen bietet dieses Buch einiges, was viele Leser bisher nicht wußten. Zum Beispiel: Woher kommt das Wort poubelle für die Mülltonne? Was sind oder waren die chasse-marées, die Seefisch-Jäger? Was hat der Maler Auguste Renoir mit dem Porzellan von Limoges zu tun? Was das Elsass mit den Störchen? Was der Musterkoffer des Handelsvertreters mit dem Murmeltier? (Wußten Sie's?)

Irène Kuhn erzählt in einer Sprache, die nicht schwieriger ist als die Sprache allgemeinverständlicher Zeitungs- und Rundfunktexte. Daß oft mal ein bißchen Ironie, Polemik oder auch einfach Spaß aufblitzt: damit werden, bei einer Tour de *France*, alle Leser einverstanden sein.

TOUR DE FRANCE

FRANKREICH IN KLEINEN GESCHICHTEN

Erzählt und übersetzt von Irène Kuhn

Mit Illustrationen von Frieda Wiegand

Deutscher Taschenbuch Verlag

dtv zweisprachig
Begründet von Kristof Wachinger-Langewiesche

Originalausgabe
1. Auflage 1992. 14. Auflage August 2009
© Deutscher Taschenbuch Verlag GmbH & Co. KG, München
Umschlagkonzept: Balk & Brumshagen
Umschlagbild: Französisches Stoffmuster, Ende des 19. Jahrhunderts
Gesamtherstellung: Kösel, Krugzell
Gedruckt auf säurefreiem, chlorfrei gebleichtem Papier
Printed in Germany · ISBN 978-3-423-09288-3

Vorwort

Als ich vor ein paar Monaten anfing, über die vorliegende *Tour de France* nachzudenken, entdeckte ich eines Tages bei meinem Lebensmittelhändler in Apt ein altes seidenes Tuch, das über einem wackeligen Louis-Philippe-Stuhl hing. Ich breitete es aus über einem großen Korb voller Lindenblüten und Eisenkraut (daß die Franzosen den Rekord des höchsten Weinkonsums pro Kopf halten, wird gelegentlich bestritten; aber unbezweifelbar verdienen sie, für ihren Kräutertee-Konsum ins Guinness-Buch der Rekorde aufgenommen zu werden) und stellte fest, daß das Tuch mit einer sehr bunten, sehr detaillierten naiven Frankreich-Karte bestickt war: die Landesgrenzen schwarz, die Flüsse und Seen dunkelblau, die Küsten hellblau. Jede Provinz war mit einer anderen leuchtenden Farbe umrandet, die Städte je nach Größe mit einem schwarzen Punkt oder Rechteck gekennzeichnet. In jedes Provinzfeld wiederum waren zwei, drei deutlich erkennbare Symbole eingestickt, die die Hauptmerkmale des Gebietes darstellen sollten: eine rauchende Fabrik in Nordlothringen; eine Flasche, aus der gerade ein Korken springt, in der Champagne; rote Äpfel und eine braun-schwarze Kuh in der Normandie; ein Katharer-Schloß in den Pyrenäen; eine Gänseherde im Périgord... Ich weiß nicht, welche dieser Miniaturstickereien es mir am meisten angetan hat, vielleicht der prächtige gallische Hahn, der über dem Rechteck von Lyon seinen Hals reckt. Jedenfalls habe ich das alte verstaubte Tuch als ein gutes Omen aufgefaßt: ich habe es gekauft.

Im Lebensmittelgeschäft. Was ich damit sagen möchte: Auch das gehört zu Frankreich. Hier wundert sich keiner, wenn sich in eine Epicerie auch mal ein wenig Flohmarktgerümpel verirrt. Schlamperei! Typisch Frankreich?

Erster Teil: Seite 6. Zweiter Teil: Seite 90

Erster Teil

Le paradis

Où se trouvait le paradis terrestre? Les Allemands emploient l'expression: «vivre comme Dieu en France.» Ils décrivent ainsi un état d'extrême félicité. Par conséquent, le paradis pourrait bien se situer en France. Mais pour une fois, les Allemands ne sont pas allés au fond des choses.

Rattrapons cela, mettons-nous au travail, procédons méthodiquement: deux individus seulement peuplaient le paradis. Ses limites géographiques ne peuvent donc en aucun cas avoir été celles de l'Hexagone. Où, à l'intérieur de ce pays, Eve a-t-elle bien pu cueillir la pomme fatale? Réfléchissez donc un instant... Où y a-t-il ces pommiers si tentants? En Normandie, pardi!

Les Normands eux aussi font un rapprochement entre leur région et le paradis – il est un peu différent de celui des Allermands: Dieu nous devait bien une petite compensation pour nous avoir chassés du paradis, disent-ils; il nous a donné le cidre et le calvados.

Chasse-marées

A l'époque où les transports rapides par la route, le rail ou l'avion n'existaient pas, il était difficile, dans les provinces françaises, de se procurer du poisson frais. Ce problème d'ailleurs n'était pas propre à la France. Sénèque nous parle des coureurs qui de son temps avaient mission d'apporter le poisson à Rome le jour même de la pêche. Mais en réalité, les performances de ces athlètes n'avaient rien d'exceptionnel puisqu'Ostie, le port de la Rome antique, ne se trouvait qu'à vingt-quatre kilomètres de la capitale.

Dès le XIIIe siècle, le poisson pêché sur les côtes

Das Paradies

Wo war das Paradies? Die Deutschen kennen die Redewendung «Leben wie Gott in Frankreich». Sie bezeichnen damit einen Zustand höchster Glückseligkeit. Demnach könnte das Paradies in Frankreich gelegen haben... Doch ausnahmsweise sind die Deutschen dem Problem bisher nicht auf den Grund gegangen.

Holen wir es nach, packen wir es an, verfahren wir systematisch: Zwei Menschen nur haben den großen Garten bevölkert. Seine geographischen Grenzen können unmöglich die des «Hexagon», des sechseckigen Landes gewesen sein. Wo innerhalb dieses Landes mag Eva den fatalen Apfel gepflückt haben? Denken Sie doch einen Augenblick nach ... Wo gibt es diese verführerischen Apfelbäume? In der Normandie! Also!

Die Normannen bringen ihre Region ebenfalls in einen Zusammenhang mit dem Paradies – aber in einen etwas anderen als die Deutschen. Sie sagen: Gott war uns eine kleine Wiedergutmachung schuldig dafür, daß er uns aus dem Paradies vertrieben hat; darum hat er uns den Cidre und den Calvados geschenkt.

Seefisch-Jäger

Zu einer Zeit, als es noch keine schnellen Transporte per Lastwagen, Eisenbahn oder Flugzeug gab, war es schwierig, in den französischen Provinzen frischen Fisch zu bekommen. Es war übrigens kein speziell französisches Problem. Seneca berichtet von Läufern, die zu seiner Zeit die Aufgabe hatten, den Fisch noch am Tag des Fangs
nach Rom zu
bringen. So ganz etwas Besonderes war allerdings die Leistung dieser Athleten nicht, da Ostia, der Hafen des alten Rom, nur vierundzwanzig Kilometer von der Hauptstadt entfernt war.

Im 13. Jahrhundert wurde der Fisch, der an der norman-

normandes et picardes était transporté à l'intérieur du pays – à Paris surtout, comme il se doit – par des «chasse-marées». Les trajets bien sûr ne s'effectuaient pas au pas de course. Les mareyeurs «chassaient» devant eux des chevaux chargés de paniers de poissons. Plus tard, lorsqu'ils utilisèrent des voitures légères, ce sont elles que l'on appela «chasse-marées» et leurs conducteurs devinrent des «voituriers de la mer».

Le transport du poisson n'était pas toujours tâche facile: les péages étaient souvent excessifs, l'état des routes laissait à désirer, le brigandage était pratique courante et les accidents étaient fréquents, car les chasse-marées devaient aller très vite (il fallait que le poisson soit livré à Paris en deux jours tout au plus!).

D'une certaine façon, les chasse-marées normands et picards étaient en avance sur leur époque puisqu'ils avaient institué une sorte de caisse d'assurance. Aux Halles de Paris on prélevait deux deniers par livre de poisson vendu, somme qui était versée à une caisse spéciale servant à indemniser les risques de la route: accidents, chevaux abattus, brigandage, marchandise avariée.

Cependant, si les chasse-marées ont exercé un métier difficile et dangereux, il est vrai qu'eux aussi ont des victimes sur la conscience. Madame de Sévigné nous raconte que lorsqu'en 1671 le Prince de Condé reçut Louis XIV à dîner, les chasse-marées arrivèrent en retard. Vatel, le chef cuisinier, se crut déshonoré et se transperça le cœur d'un coup d'épée.

Les Français les plus anglais

10 Les provinces les plus septentrionales de la France
11 sont les Flandres, l'Artois et la Picardie. Le paysage

nischen und picardischen Küste gefangen wurde, von «See-fisch-Jägern» ins Landesinnere gebracht – natürlich zur Hauptsache nach Paris. Selbstverständlich wurden die Strek-ken nicht im Laufschritt zurückgelegt. Die Fischhändler «jagten» Pferde vor sich her, die mit Fischkörben beladen waren. Später, als sie zu diesem Zweck leichte Fuhrwerke benutzten, ging die Bezeichnung «chasse-marées» auf die Wagen über, und die Fuhrleute wurden die «Fuhrunterneh-mer des Meeres» genannt.

Fischtransport war nicht immer eine leichte Aufgabe. Die Straßenzölle waren oft sehr hoch, der Straßenzustand ließ zu wünschen übrig, Raubüberfälle kamen häufig vor, und auch Unfälle gab es viele, denn die Seefisch-Jäger mußten schnell fahren (der Fisch sollte spätestens nach zwei Tagen in Paris abgeliefert werden).

In gewisser Weise waren die normannischen und picardi-schen Seefisch-Jäger ihrer Zeit voraus, denn sie hatten eine Art Versicherungskasse eingerichtet. In den Pariser Hallen wurden pro verkauftes Pfund Fisch zwei Heller zurück-behalten, und diese Beträge wurden in eine Sonderkasse ein-gezahlt, die dazu diente, die Risiken der Straße zu decken: Unfälle, zu Tode geschundene Pferde, Raubüberfälle, verdor-bene Ware.

Zwar haben die Seefisch-Jäger einen schwierigen und ge-fährlichen Beruf ausgeübt, aber andererseits haben auch sie einige Opfer auf dem Gewissen. Madame de Sévigné erzählt von einem Dîner im Jahre 1671, zu dem der Prinz von Con-dé den König Ludwig XIV. eingeladen hatte. Die Fischlie-feranten aus der Normandie hatten Verspätung: Der Küchen-chef Vatel fühlte sich entehrt und stach sich seinen Degen durchs Herz.

Die allerenglischsten Franzosen

Die nördlichsten Provinzen Frankreichs sind Flandern, Artois und die Picardie. Über der Landschaft dieser Gebiete liegt zu

dans ces régions garde en toute saison une note de tristesse: couleurs neutres, grises, bleutées; lignes monotones des plaines toutes plates; routes rectilignes à l'infini. On se souvient de la chanson de Jacques Brel évoquant «ce plat pays qui est le mien». Cependant, si le climat est peu hospitalier, la région a des ressources si multiples qu'elle est en fait la plus riche de France.

La population, elle, passe pour être à l'occasion très exubérante, sans doute pour compenser le manque de soleil: on aime le carnaval – celui de Dunkerque est le plus prisé –, les fêtes foraines que l'on appelle ici «ducasses», et qui sont sans doute l'héritage de la kermesse flamande. Par ailleurs, on dit que les gens du Nord ressemblent fort aux Anglais par leur flegme et leur humour (et non pas par leur langue aux sonorités chuintantes et gutturales que l'on appelle non sans un certain mépris le «ch'timi»). Personne ne s'en étonnera puisque l'Angleterre est si proche; c'est elle qui, au moyen-âge, a en partie fait la richesse du pays – même si, par moments, elle en a fait aussi le malheur... L'occupant anglais, ne l'oublions pas, est resté plus de deux siècles à Calais, de 1347 à 1558.

Tout le monde connaît la poignante histoire des Bourgeois de Calais qui sauvèrent la ville en se livrant à Edouard III après que celui-ci eut brisé la résistance de la ville assiégée.

Ils firent une entrée triomphale dans l'histoire de l'art avec la très célèbre œuvre de Rodin, elle-même immortalisée par Rainer Maria Rilke.

C'est une autre anecdote, celle de la prise d'Amiens par les Espagnols – eux aussi ont fait des incursions dans le nord de la France – en 1597, qui illustre peut-être le mieux le côté très britannique des gens du Nord. Les soldats espagnols arrivèrent aux portes d'Amiens déguisés en pauvres paysans.

jeder Jahreszeit ein Hauch von Traurigkeit: blasse, graue, bläuliche Farben; eintönige Linien der ganz flachen Ebenen; endlos geradlinig verlaufende Straßen. Das bekannte Lied von Jacques Brel spricht von «meinem Land, dem flachen Land, dem Flandernland». Nun ist das Klima zwar wenig gastfreundlich, aber die Bodenschätze sind so zahlreich in dieser Region, daß sie in Wirklichkeit die reichste von ganz Frankreich ist.

Die Bevölkerung hat den Ruf, zeitweise fast übermütig zu sein, vermutlich um den mangelnden Sonnenschein wettzumachen. Man liebt den Karneval – der beliebteste ist der von Dünkirchen –, und die Jahrmärkte, die hier «ducasses» heißen und vermutlich ein Überbleibsel der flämischen Kirmes sind. Ansonsten behauptet man, die Leute aus dem Norden hätten viel Ähnlichkeit mit den Engländern, was ihr Phlegma und ihren Humor betrifft (nicht ihre Sprache, die guttural und voller Zischlaute ist, so daß man sie ein wenig verächtlich «ch'timi» nennt). Niemand wird sich darüber wundern, schließlich ist England so nah, und im Mittelalter hat es ganz wesentlich zum Reichtum dieser Gegend beigetragen – zeitweise allerdings auch zu ihrem Unglück: Die englischen Besatzer, vergessen wir es nicht, sind mehr als zwei Jahrhunderte lang in Calais geblieben, von 1347 bis 1558.

Jeder kennt die ergreifende Geschichte der Bürger von Calais, die ihre Stadt retteten, indem sie sich dem englischen König Eduard III. zur stellvertretenden Hinrichtung auslieferten, nachdem dieser den Widerstand der belagerten Stadt bezwungen hatte. Sie hielten einen triumphalen Einzug in die Kunstgeschichte durch das Werk, das ihnen der Bildhauer Rodin widmete und das wiederum von Rainer Maria Rilke unsterblich gemacht wurde.

Eine andere Anekdote, nämlich die von der Eroberung der Stadt Amiens durch die Spanier im Jahre 1597 – auch sie haben Streifzüge durch den Norden Frankreichs unternommen –, veranschaulicht besonders gut die Ähnlichkeit zwischen den Leuten aus dem Norden und den Briten. Die spanischen Soldaten erschienen vor den Toren von Amiens

Ils poussaient une voiture à bras chargée de foin et de sacs de noix qui, comme par hasard, se déchirèrent juste devant les soldats en faction à l'entrée de la ville. Ces derniers, trouvant la scène cocasse, donnèrent libre cours à leur hilarité et ... laissèrent passer les Espagnols. Cette méchante blague coûta cher aux Amiénois, mais après tout, elle était bien bonne et les Espagnols, en l'occurrence, étaient les plus malins. So what!

La conquête du monde par deux Bretons

Les Bretons les plus célèbres? Devinez! Ils forment un couple assez mal assorti: l'un est un petit personnage agile, futé, rapide comme l'éclair; l'autre est grand, lourd, un peu lent d'esprit mais terriblement fort... Vous donnez votre langue au chat?

Eh bien oui, c'est d'Astérix et d'Obélix les Gaulois – ou plus précisément les Bretons – qu'il est question. Ils ont vu le jour en 1961 et ont conquis le monde en l'espace de quelques années; leurs aventures ont été traduites dans une trentaine de langues et vendues à des centaines de millions d'exemplaires.

Pour se convaincre des origines bretonnes de nos deux héros, il suffit de jeter un coup d'oeil sur la carte de la Gaule en l'an 50 avant Jésus-Christ, qui constitue la première image de chacune des bandes dessinées. «Toute la Gaule est occupée par les Romains... Toute? Non! Un village peuplé d'irréductibles Gaulois résiste encore et toujours à l'envahisseur.»

Ce village gaulois, que nous voyons littéralement à la loupe, se trouve quelque part entre Brest et Saint-Brieuc. Entre Ploudalmézeau et Saint-Pol-de-Léon pour être plus précis. Et le détail qui balaye en un instant tous les doutes que le lecteur critique

als arme Bauern verkleidet. Sie schoben einen Handkarren, der mit Heu und Säcken voller Walnüsse beladen war. Als wär's ein Zufall, platzten diese Säcke genau an der Stelle, wo die Wachsoldaten vor dem Stadttor standen. Diese fanden die Szene überaus ulkig; sie konnten sich vor Lachen kaum halten und – ließen die Spanier herein. Der böse Trick kam die Bürger von Amiens teuer zu stehen, aber immerhin war es ein guter Witz; die Spanier waren eben in diesem Fall die schlaueren gewesen. So what!

Zwei Bretonen erobern die Welt

Die berühmtesten Bretonen? Raten Sie mal! Sie sind ein recht ungleiches Paar: Der eine ist ein kleiner Flinker, schlau und blitzschnell. Der andere ist groß, schwerfällig, etwas langsam im Geist, aber ungeheuer stark... Sie wollen des Rätsels Lösung hören?

Nun ja, von Asterix und Obelix, den Galliern – oder eben genauer: den Bretonen –, ist hier die Rede. Die beiden haben 1961 das Licht der Welt erblickt und haben innerhalb weniger Jahre die Welt erobert.

Ihre Abenteuer wurden in dreißig Sprachen übersetzt und in Hunderten Millionen von Exemplaren verkauft.

Um sich von der bretonischen Herkunft unserer beiden Helden zu überzeugen, genügt es, einen Blick auf die Landkarte von Gallien im Jahre 50 vor Christi Geburt zu werfen, die als erstes Bild eines jeden Comic-Heftes erscheint.

«Ganz Gallien ist von den Römern besetzt... Ganz Gallien? Nein! Ein von unbeugsamen Galliern bevölkertes Dorf hört nicht auf, dem Eindringling Widerstand zu leisten.»

Dieses gallische Dorf, das wir buchstäblich unter der Lupe zu sehen bekommen, befindet sich irgendwo zwischen Brest und Saint-Brieuc. Genauer gesagt zwischen Ploudalmézeau und Saint-Pol-de-Léon. Alle Zweifel, die der kritische Leser noch an der stammesmäßigen Zugehörigkeit un-

pourrait encore avoir à l'égard de l'appartenance ethnique des deux superstars, c'est qu'Obélix est «livreur de menhirs de son état».

Combien, sur les cinq mille menhirs qui se dressent en Bretagne, en a-t-il porté sur son dos? Est-ce lui qui est allé à Carnac pour y mettre en place les fameux alignements qui comptent près de trois mille mégalithes disposés en une trentaine de rangées de trois ou quatre kilomètres de long? Ou à Locmariaquer, un jour qu'il parvint à subtiliser un peu de potion magique préparée par le druide Panoramix, pour y installer le fameux Men-er-Hroëc'h, la pierre de la fée, qui avait plus de vingt mètres de haut avant d'être abattue par la foudre quelques siècles plus tard? Est-il allé à Er-Lannic, disposer ses menhirs – un beau matin où il était d'humeur plus fantaisiste – en deux cercles concentriques, pour y aménager le cromlech le plus spectaculaire du continent?

Nous ne savons que peu de choses sur ces pierres séculaires. Les légendes à leur propos sont souvent amusantes. Selon l'une d'elles, nous devons les alignements de Carnac à Saint Cornelius (appelé Cornély en Bretagne et à qui est dédiée l'église de Carnac). Refusant de se rallier au culte du dieu Mars, ce dernier, alors pape à Rome, s'enfuit en Bretagne. L'empereur lança une armée de légionaires à sa poursuite, mais, par la force de ses prières, Cornély les transforma en une armée de pierre.

Ces légendes sont d'autant plus vivantes en Bretagne que même les archéologues n'ont pas percé le mystère de ces mégalithes. La seule information digne de foi se rapporte à l'origine linguistique de leur nom: Menhir vient du breton «ar-men-hir» et veut dire «pierre longue». Dolmen, du breton «dolmen», veut dire «table de pierre». Pour le reste, les théories sont variées. Certains pensent qu'il s'agit d'anciennes sépultures. Mais l'explication la plus

serer beiden Helden hegen könnte, werden beiseitegeräumt durch den Hinweis, daß Obelix «seines Zeichens Hinkelstein-Lieferant» ist.

Wie viele von den fünftausend Hinkelsteinen oder Menhiren der Bretagne hat er auf seinem Rücken getragen? Ist er es gewesen, der nach Carnac gegangen ist, um dort – in etwa dreißig drei oder vier Kilometer langen Reihen – nahezu dreitausend Megalithen aufzustellen? Oder nach Locmariaquer, an einem Tag, als es ihm gelungen war, dem Druiden Miraculix etwas von seinem Zaubertrank zu entwenden, um dort den berühmten Men-er-Hroëc'h, den Stein der Fee, anzuliefern, der über zwanzig Meter hoch war, bevor er einige Jahrhunderte später vom Blitz zerschlagen wurde?

Oder auch nach Er-Lannic, eines schönen Morgens, als er in besonders unkonventioneller Stimmung seine Menhire in zwei konzentrischen Kreisen anordnete und auf diese Weise den ungewöhnlichsten Cromlech des ganzen Kontinents einrichtete?

Wir wissen wenig über diese Jahrhunderte alten Steine. Die Legenden, die über sie verbreitet werden, sind oft recht komisch. Die eine besagt, daß wir die steinernen Reihen von Carnac dem Heiligen Cornelius zu verdanken haben (den die Bretonen Cornély nennen und dem die Kirche von Carnac geweiht ist). In seiner Eigenschaft als Papst weigerte er sich, dem Kult des Gottes Mars zu huldigen, und flüchtete in die Bretagne. Der Kaiser schickte eine Legion Soldaten hinter ihm her, aber durch die Kraft seiner Gebete verwandelte Cornély die Legionäre in ein steinernes Heer.

Solche Legenden sind in der Bretagne um so lebendiger, als auch die Archäologen das Geheimnis der Megalithen nicht lüften konnten. Ihre einzige zuverlässige Aussage betrifft die sprachgeschichtliche Herkunft des Namens: Menhir entstammt dem Bretonischen «ar-men-hir» und bedeutet «langer Stein». Dolmen, bretonisch «dol-men», bedeutet «steinerner Tisch». Aber abgesehen davon gibt es alle möglichen Theorien. Manche halten die Steine für alte Grabmale. Die weitest verbreitete Erklärung ist die, daß

répandue est celle qui consiste à dire qu'il s'agit d'édifices cultuels, les groupes de menhirs formant de vastes sanctuaires voués au culte du soleil ou liés aux fêtes des grands travaux agricoles.

Lorsque le christianisme triompha en Gaule, de nombreux menhirs furent «christianisés» – des croix furent plantées au sommet de certains monolithe ou sculptées sur l'une de leurs faces. Pourquoi ne pas suivre le chemin inverse en mêlant l'extraordinaire portefaix Obélix et son petit ami Astérix à leur histoire?

Gwenn ha Du – Noir et blanc

En 1514, Claude de France, la fille de la duchesse Anne de Bretagne, épouse le Dauphin François et lui lègue le Duché de Bretagne. En 1532, François Ier réunit définitivement et indissolublement le Duché de Bretagne à la couronne de France. Dorénavant, des gouverneurs et des intendants représentent le roi en Bretagne, et bien que le XVIe siècle marque le début d'un essor économique considérable dans cette province, c'est aussi l'époque des premières manifestations du sentiment national breton et de la résistance aux tendances centralisatrices.

Au début du XXe siècle, la ville de Rennes commande au sculpteur Jean Boucher une grande œuvre allégorique destinée à décorer dignement son hôtel de ville. «La Bretagne rend hommage à la France» – une jeune fille agenouillée pose, confiante et pleine de respect, ses mains dans celles de Charles VIII assis sur son throne – est installée sous l'un des pignons dans une niche flanquée de quatre colonnettes et inaugurée solennellement en 1911.

A cette époque, le centralisme est sur le point de faire disparaître les cultures, les langues et les particularités régionales. Depuis 1902, le gouvernement

es sich um Kultanlagen handelt: Die Menhir-Gruppen bilden großräumige heilige Stätten, die dem Sonnenkult geweiht sind oder mit den großen Festen des Erntejahres in Zusammenhang stehen.

Als sich in Gallien das Christentum durchsetzte, wurden zahlreiche Menhire «verchristlicht», indem man den einen ein Kreuz aufsetzte, anderen in eine der Frontseiten ein Kreuz eingravierte. Warum soll man nicht im heidnischen Gegenzug den so fabelhaft belastbaren Obelix und seinen zierlichen Freund Asterix mit den Menhiren und ihrer Geschichte verquicken?

Gwenn ha Du – Schwarz und Weiß

1514 heiratet Claude de France, die Tochter der Herzogin Anne de Bretagne, den Dauphin Franz und vermacht ihm, dem künftigen König von Frankreich, das Herzogtum Bretagne. 1532 verbindet Franz I. endgültig und unauflösbar das Herzogtum Bretagne mit der Krone Frankreichs. Fortan werden in der Bretagne Gouverneure und Intendanten den König vertreten. Obwohl im 16. Jahrhundert ein bedeutender wirtschaftlicher Aufschwung der Region einsetzt, ist dies auch die Zeit, in der das bretonische Nationalgefühl und der Widerstand gegen die zentralistischen Tendenzen entstehen.

Zu Beginn des 20. Jahrhunderts erteilt die Stadt Rennes dem Bildhauer Jean Boucher den Auftrag, ein großes allegorisches Werk zu schaffen, das ihr Rathaus würdig schmücken soll. «Die Bretagne huldigt Frankreich» – ein kniendes Mädchen, das vertrauensvoll und ergeben ihre Hände in die des thronenden Königs Karl VIII, legt – wird unter einem der Giebel in einer Nische untergebracht, die von zwei Säulenpaaren flankiert ist. Im Jahre 1911 findet die feierliche Einweihung statt.

Zu dieser Zeit ist der Zentralismus auf dem besten Wege, regionale Kulturen, Sprachen, Eigenarten abzuschaffen. Seit 1902 hat die Zentralregierung große Anstrengungen unter-

avait déployé des efforts considérables pour interdire l'usage de la langue régionale à l'école, mais aussi au catéchisme et à l'église. A la même époque cependant s'éveille aussi – dans quelques régions de France – le sentiment national et c'est précisément en 1911 qu'est fondé en Bretagne le *Parti national.* Stoïques, les Bretons tolèrent néanmoins l'affront de l'hôtel de ville de Rennes et font mine, pendant deux décennies, de s'accommoder du fameux «Hommage».

Mais le 7 août 1932, lorsque Edouard Herriot, alors Président du Conseil, envoyé de Paris, s'apprête à commémorer en grande pompe le 400e anniversaire de l'unification du Duché de Bretagne à la France, le groupe allégorique est victime d'un attentat à la bombe. Il s'agit là du premier acte de violence commis par les autonomistes bretons. Ils se regroupaient alors au sein de la société secrète «Gwenn ha Du» – «Noir et blanc» – qui revendiqua cet attentat. Les coupables ne furent jamais arrêtés, les statues ne furent jamais réinstallées. Aujourd'hui encore, leur niche est vide…

Les paysans de la mer

Traditionnellement, les Bretons sont des pêcheurs. Les conditions géographiques dans lesquelles ils vivent les y prédisposent: la Bretagne a 1100 kilomètres de côtes, essentiellement rocheuses, avec des centaines d'îles moyennes, petites ou minuscules. Sur le plan géologique, elle fait partie du massif armoricain et Armorique signifie «le pays au bord de la mer». Mais pourquoi appelle-t-on les Bretons «les paysans de la mer»?

C'est qu'un peu partout, de Cancale à Camaret et Saint-Nazaire en passant par Belon et Quimperlé, on y pratique de manière intensive l'ostréiculture

nommen, um die jeweilige Nationalsprache in der Schule, aber auch im Katechismus-Unterricht und in der Kirche zu verbieten.

Zur gleichen Zeit erwachen nun allerdings – und zwar in mehreren Gebieten Frankreichs – nationale Gefühle, und ausgerechnet 1911 wird in der Bretagne die «Nationale Partei» gegründet. Trotzdem dulden die stoischen Bretonen die Demütigung vom Rathaus in Rennes und scheinen sich zwei Jahrzehnte lang mit der berühmten «Huldigung» abzufinden.

Als jedoch am 7. August 1932 der von Paris gesandte Edouard Herriot, der damals Vorsitzender des Staatsrats war, sich anschickte, mit großem Pomp den 400. Jahrestag der Vereinigung des Herzogtums Bretagne mit Frankreich zu feiern, fällt die allegorische Statuengruppe einem Bombenattentat zum Opfer. Es handelt sich um den ersten von bretonischen Autonomisten verübten Gewaltakt. Damals versammelten sie sich in dem Geheimbund «Gwenn ha Du» – «Schwarz und Weiß» – der sich zu diesem Anschlag bekannte. Die Täter wurden nie festgenommen, die Statuen wurden nie wieder aufgestellt. Bis heute ist die Nische leer...

Die Bauern des Meeres

Schon immer sind die Bretonen Fischer gewesen. Die geographischen Bedingungen, unter denen sie leben, bestimmen sie dazu: Die Bretagne hat 1100 Kilometer zumeist felsige Küste und Hunderte von mittelgroßen, kleinen und winzigen Inseln.

Geologisch gehört die Bretagne zu den Armorikanischen Alpen; Armorika bedeutet «das Land an der Wasserkante». Warum aber nennt man die Bretonen «die Bauern des Meeres»?

Nun, das hat damit zu tun, daß von Cancale nach Camaret und Saint-Nazaire über Belon und Quimperlé intensive Austern- und Miesmuschelzucht betrieben wird. Und zwar

ou la mytiliculture. L'ostréiculture – qui emploie à elle seule plus de 6000 «cultivateurs» – le long de la côte sud, la mytiliculture sur la côte nord. L'une et l'autre supposent un travail «d'élevage» hautement spécialisé.

Les premiers parcs à moules furent installés en France dès le XIIIe siècle, par un Irlandais, Patrick Walton, qui aurait fait naufrage en 1235 au sud de la Bretagne. C'est à lui que l'on attribue l'invention du bouchot, sorte de clôture faite de piquets de chêne reliés par des cordes. Les larves des moules viennent s'y fixer et lorsqu'elles ont formé une petite coquille, à mesure qu'elles grandissent, elles sont transplantées dans des bouchots de plus en plus proches du rivage. Au bout d'un an environ, la moule a atteint sa dimension adulte et peut être récoltée et vendue.

L'ostréiculture, elle, suppose un traitement plus complexe encore. Les huîtres pondent en été, au cours du mois de juillet. Elles incubent leurs œufs pendant six semaines environ. Quand les larves sont mûres, elles ont l'aspect d'une fine poussière grise, et la femelle les lache subitement, par temps orageux en règle générale. Ces larves, au nombre d'un million pour une huître mère de quatre ans, nagent à la recherche d'un endroit favorable pour se fixer : une surface propre, sans parasites, calcaire et à l'abri de la lumière. Lorsqu'elles l'ont trouvée, elles perdent leur organe moteur et secrètent une petite coquille, dont l'une des valves se colle au support.

L'art de l'ostréiculteur consiste donc à installer au bon moment la surface idéale où les larves pourront s'établir. Le plus souvent il utilise des tuiles rondes de terre cuite qu'il enduit de chaux et qu'il empile, la face concave vers le bas, entre des montants de bois à proximité des bancs d'huîtres. Les larves s'y fixent et deviennent au bout de huit ou

Austernzucht – sie allein beschäftigt über 6000 sogenannte Kultivatoren – entlang der Südküste, Miesmuschelzucht an der Nordküste.

Das eine wie das andere setzt hoch spezialisierte Zuchtarbeit voraus.

Die ersten Miesmuschelanlagen wurden in Frankreich bereits im 13. Jahrhundert eingerichtet, und zwar von einem Iren namens Patrick Walton, der 1235 im Süden der Bretagne Schiffbruch erlitten haben soll. Ihm schreibt man die Erfindung des Muschelzauns zu, einer Reihung von Eichenpfählen, die mit Seilen verbunden sind. Die Muschellarven setzen sich darauf ab, und wenn sie eine kleine Schale gebildet haben, werden sie auf einen anderen Zaun umgesetzt. Je mehr die Muscheln wachsen, desto näher rücken die Zäune an die Küste. Mit etwa einem Jahr erreicht die Miesmuschel ihre endgültige Größe und kann geerntet und verkauft werden.

Die Austernzucht setzt ein noch komplizierteres Verfahren voraus. Die Austern laichen im Sommer, im Laufe des Monats Juli. Etwa sechs Wochen lang bebrüten sie den Laich. Wenn die Larven reif sind, sehen sie aus wie eine graue Staubschicht, und die weibliche Auster läßt sie ganz plötzlich los, meist bei gewittrigem Wetter. Diese Larven, etwa eine Million von einer vier Jahre alten Mutterauster, suchen sich schwimmend einen günstigen Platz aus, an dem sie sich niederlassen können, nämlich eine saubere, parasitenfreie, kalkhaltige, lichtgeschützte Fläche. Wenn sie sie gefunden haben, verlieren sie ihr Fortbewegungsorgan und bilden stattdessen ein kleines Gehäuse, eine der beiden Schalen dieses Gehäuses setzt sich auf der ausgewählten Unterlage fest.

Die Kunst des Austernzüchters besteht darin, genau im richtigen Augenblick den Larven die ideale Fläche zu bieten, auf der sie sich ansiedeln können. Im allgemeinen benutzt er Rundziegel aus Ton, die er mit einer Kalkschicht versieht und mit der konkaven Seite nach unten zwischen regalartigen Holzgerüsten in der Nähe der Austernbänke aufeinander legt. Die Larven befestigen sich an der Unterseite

neuf mois de petites huîtres de deux ou trois centimètres. A ce moment-là, il faut les décoller de leur support et les transplanter dans des parcs à huîtres. Elles s'y nourissent de plancton et grandissent pendant trois à quatre ans avant de pouvoir être commercialisées.

«Naturellement le poisson est breton», annonçait une publicité collective il y a quelques années. Pour quelqu'un qui consomme des fruits de mer en France, il a une chance sur deux de tomber sur des coquillages bretons lorsqu'il mange des moules, une chance sur trois ou quatre lorsqu'il mange des huîtres.

Le château de Blois

«Anjou, Vendée, Poitou, Touraine... Il n'est point de lieu de la terre où s'épanouissent tant et tant de fleurs de pierre. Voyez, portez votre regard vers les horizons proches et vers ceux, plus lointains, qui ourlent de bleu le manteau vert des champs, des forêts et des prés: ces touches claires sur le fond sombre des bois, ce sont les demeures, tantôt modestes et tantôt fastueuses où, depuis des siècles, le bon goût français s'est fixé.» C'est sur un ton plus élégiaque encore que celui des poètes de la Pléiade, de Ronsard, de du Bellay, qui ont chanté avec tant d'amour leur pays natal, que Maurice Bedel nous parle du Val de Loire et de ses châteaux.

Et chacun d'eux est auréolé d'histoire, d'une foule d'histoires.

Prenons le château de Blois qui, à l'origine, était un château-fort. Tel que nous le connaissons, il remonte au XVe siècle. Après la guerre de Cent Ans, Charles d'Orléans en avait fait un lieu plus agréable à vivre et Louis XII en avait fait une résidence royale qu'il n'habitait d'ailleurs pas très souvent

dieser Tonziegel und werden nach etwa neun Monaten zwei bis drei Zentimeter große Austern. Zu diesem Zeitpunkt werden sie von den Träger-Ziegeln entfernt und in Austernparks umgesiedelt. Dort ernähren sie sich von Plankton und wachsen drei bis vier Jahre weiter, bevor sie in den Handel kommen.

«Fisch – natürlich aus der Bretagne» lautete vor ein paar Jahren eine Gemeinschaftswerbung der Fischereiindustrie. Für jemanden, der in Frankreich Schalentiere ißt, ist die Wahrscheinlichkeit, daß er bretonische Miesmuscheln erwischt, eins zu zwei, und bei Austern ist die Wahrscheinlichkeit eins zu drei oder vier.

Das Schloß von Blois

«Anjou, Vendée, Poitou, Touraine... Es gibt keinen Platz auf Erden, wo dermaßen viele steinerne Blüten ihre Pracht entfalten. Schauen Sie, lassen Sie Ihren Blick über die nahen Horizonte wandern und über die ferneren, die den grünen Mantel der Felder, der Wälder, der Wiesen mit Blau säumen: Diese hellen Flecken auf dem dunklen Hintergrund der Wälder sind die Stätten – es gibt bescheidene und prachtvolle – an denen seit Jahrhunderten der gute französische Geschmack sichtbar geworden ist...» In einem noch feierlicheren Ton als die Dichter der Pléiade, als Ronsard und Du Bellay, die mit so viel Liebe ihre Heimat besungen haben, will uns Maurice Bedel das Loiretal und seine Schlösser vorstellen.

Und jedes dieser Schlösser ist umwoben von Geschichte, eingesponnen in Geschichten.

Nehmen wir das Schloß von Blois, das ursprünglich eine Burg gewesen ist. So wie wir es kennen, stammt es aus dem 15. Jahrhundert. Nach dem Hundertjährigen Krieg hatte Charles d'Orléans die Trutzburg in eine angenehmere Stätte umgewandelt, und Ludwig XII. hatte eine königliche Residenz daraus gemacht, die er freilich nicht sehr oft be-

car les affaires de la guerre l'obligeaient à s'absenter; mais pour Anne de Bretagne, son épouse, Blois était la résidence principale.

Les transformations pratiquées au cours du XVIe siècle trahissent très nettement l'influence de la Renaissance Italienne. Cependant, la vie y restait plutôt simple, en comparaison de ce qu'elle allait être au siècle suivant à la cour de Versailles.

C'est à François Ier que le château doit ses transformations les plus importantes, en particulier l'ajout de son célèbre escalier intérieur. Les travaux furent généralement exécutés en son absence, car ses séjours à Blois étaient assez espacés. N'avait-il pas le choix entre une multitude de demeures plus féeriques les unes que les autres?

En 1588, le château de Blois fut la scène d'un événement tout empreint du caractère sanglant de l'époque: l'assassinat du duc de Guise. La popularité de la famille de Guise, et celle du Duc – son chef – en particulier, portait atteinte à celle du roi Henri III qui était persuadé qu'elle représentait pour lui un sérieux péril. Le roi décida d'agir. Ayant posté dans le château des hommes sûrs, il fit venir le duc de Guise, seul. Celui-ci avait eu vent du projet du roi, mais avait refusé de prendre l'affaire au sérieux. Il arriva au château le 22 décembre 1588 et n'en ressortit jamais vivant.

Au XVIIe siècle, le château fut le décor d'années moins troublées. Marie de Médicis, la mère de Louis XIII, y vécut pendant quelques années en résidence forcée, son fils ne supportant plus ses intrigues et sa tendance trop marquée à se mêler des affaires politiques. Plus tard, ce fut Gaston d'Orléans, oncle de Louis XIV, qui y résida avec sa petite cour, entouré de poètes et d'écrivains.

Après le règne de Louis XIV, le pays resta appauvri et le château de Blois fut voué, comme tant d'autres, au délabrement.

wohnte, da er häufig wegen kriegerischer Verpflichtungen abwesend war. Aber für seine Gemahlin Anne de Bretagne war Blois der Hauptwohnsitz.

Die Veränderungen, die im Laufe des 16. Jahrhunderts durchgeführt wurden, verraten den Einfluß der italienischen Renaissance, aber das Leben darin verlief immer noch recht einfach im Vergleich zu der Prachtentfaltung am Hof von Versailles im darauffolgenden Jahrhundert.

Dem König Franz I. sind die nachhaltigsten Veränderungen an Blois zu verdanken, insbesondere der Bau der berühmten Innentreppe. Die Umbauten wurden meist in seiner Abwesenheit durchgeführt, denn er kam nur selten und meist sehr kurz nach Blois. Hatte er doch die Wahl zwischen einer ganzen Reihe von Wohnsitzen – einer paradiesischer als der andere.

1588 geschah im Schloß Blois ein Ereignis, das ganz vom blutigen Geist jener Zeit gekennzeichnet ist: der Mord an dem Herzog von Guise. Die Beliebtheit der Familie Guise, vor allem des Familienoberhauptes, des Herzogs selbst, schadete der Beliebtheit des Königs Heinrich III. und bedeutete in dessen Augen allmählich eine wirkliche Gefahr für ihn. Er beschloß zu handeln. Überall postierte er sichere Leute im Schloß, und dann bestellte er den Herzog, allein, zu sich. Der hatte zwar von des Königs Vorhaben reden hören, aber er weigerte sich, die Sache ernst zu nehmen. Er kam am 22. Dezember 1588 im Schloß an und verließ es nicht mehr lebend.

Im 17. Jahrhundert erlebte das Schloß von Blois ruhigere Zeiten. Maria von Medici, die Mutter Ludwigs XIII., verbrachte dort gezwungenermaßen einige Jahre, weil der König ihre Intrigen und ihre Neigung, sich in alle Dinge der Politik einzumischen, nicht mehr ertragen wollte. Danach wurde es Wohnsitz von Gaston d'Orléans, dem Onkel Ludwigs XIV.; der lebte dort mit seinem kleinen Hofstaat, zu dem viele Dichter und Schriftsteller gehörten.

Nach der Herrschaft von Ludwig XIV. war das Land verarmt, und wie so viele andere Schlösser wurde auch Blois dem Verfall überlassen.

Il fallut attendre le XXe siècle avec son amour des choses de l'histoire – et naturellement sa découverte du tourisme en tant que facteur économique de taille – pour que le château de Blois fût reconnu comme «un joyau du patrimoine architectural français» et restauré comme il le méritait.

Paris souterrain

Au moyen-âge, toutes les eaux ménagères de Paris s'écoulaient librement dans la Seine. Cependant, dès le 12e siècle, on se mit à construire des canaux, mais ce n'étaient à l'époque que des fossés à ciel ouvert: tous les habitants de la ville y jetaient leurs ordures que les eaux de pluie, avec un peu de chance, entraînaient ensuite vers le fleuve. On préfère ne pas s'imaginer les odeurs qui règnaient alors dans la ville. Ces fossés furent peu à peu couverts à partir du 15e siècle, mais c'est seulement sous Louis XVI que l'on peut véritablement commencer à parler d'égouts.

Lorsque Napoléon III prit le pouvoir en 1852, Paris possédait 163 kilomètres de canalisations souterraines. L'ingénieur Eugène Belgrand fut alors chargé d'améliorer et d'étendre le réseau existant: il fit installer outre des collecteurs des canaux secondaires équipés de vannes mobiles pour évacuer, selon les besoins, les boues et les sables. Ecologiste avant l'heure, Belgrand imagina d'utiliser les eaux des égouts pour fertiliser les terres aux alentours de la capitale.

Entre-temps, Paris dispose de 1300 kilomètres d'égouts.

Au cours de la Seconde Guerre mondiale, les égouts de Paris jouèrent un rôle historique. Dès 1942 les membres de la Résistance pensèrent qu'il était aisé de disparaître rapidement de la surface en

Erst dem 20. Jahrhundert und seiner Liebe zur Geschichte – natürlich auch seiner Entdeckung des Tourismus als eines bedeutenden Wirtschaftszweiges – ist es zuzuschreiben, daß das Schloß von Blois wieder als «Juwel des ureigenen architektonischen Erbguts Frankreichs» erkannt und demgemäß wieder instand gesetzt wurde.

Das unterirdische Paris

Im Mittelalter ergossen sich alle Abwässer der Stadt Paris ohne jede Regelung in die Seine. Doch schon im 12. Jahrhundert begann man Kanäle zu bauen, wobei es sich allerdings nur um Gräben unter freiem Himmel handelte. Alle Einwohner der Stadt warfen ihre Abfälle hinein, die irgendwann vom Regenwasser in den Fluß gespült wurden – die Gerüche, die in der Stadt herrschten, mag man sich heute lieber nicht vorstellen.

Vom 15. Jahrhundert an wurden diese Gräben nach und nach abgedeckt, aber erst seit der Zeit Ludwigs XVI. konnte man tatsächlich von einer Kanalisation sprechen.

Als Napoleon III. 1852 die Macht ergriff, besaß Paris bereits 163 Kilometer unterirdische Kanäle. Zu diesem Zeitpunkt wurde der Ingenieur Eugène Belgrand beauftragt, das vorhandene Netz zu verbessern und zu erweitern. Er ließ zusätzlich zu den Hauptsammelkanälen Seitenkanäle einrichten, die mit Klappen versehen waren, um je nach Bedarf Schlamm und Sand abzuleiten. Als Ökologe der ersten Stunde kam Belgrand auf die Idee, daß man die Abwässer nutzen könnte, um den Boden im Umkreis der Hauptstadt zu düngen.

Inzwischen verfügt Paris über 1300 Kilometer Abwasserkanäle.

Während des Zweiten Weltkrieges spielte die Pariser Kanalisation eine geschichtlich bedeutsame Rolle. Bereits 1942 kamen die Widerstandskämpfer darauf, daß man durch die Kontrollschächte sehr rasch aus der sichtbaren Ober-

empruntant les couloirs souterrains et les digues longeant les canaux pour rejoindre, ni vu ni connu, des amis dans un autre quartier de la ville. C'est dans les égouts que fut installé en 1944 l'émetteur-radio qui permit d'entretenir la liaison avec Londres.

Une incursion dans les entrailles de Paris peut paraître à première vue moins attrayante que la visite d'un musée, mais celui qui s'y aventure découvrira peut-être avec étonnement que l'air y est plus respirable que dans les rues de la capitale aux heures de pointe.

Poubelle, poubelles!

Saviez-vous qu'un dénommé Eugène René Poubelle, préfet de la Seine de 1883 à 1896, se fixa pour objectif de faire de Paris une ville propre? Il eut l'idée d'introduire de grands récipients en tôle galvanisée, ronds ou rectangulaires, destinés à recevoir les ordures ménagères. Dès le début de son administration il réussit à imposer son projet à tous les propriétaires parisiens, et dès lors, partout en France, ces récipients portèrent son nom. Personne dans notre société de consommation productrice de déchets ne peut aujourd'hui se passer de poubelle.

Néanmoins, personne n'a rendu à Monsieur Poubelle les honneurs qu'il méritait. Ni à Paris ni nulle part ailleurs en France il n'existe de rue Poubelle, de place Poubelle, de quai Poubelle, et pourtant la nation entière doit à cet homme gratitude et reconnaissance. Mais, honnêtement, aimeriez-vous habiter «rue Poubelle»? Oseriez-vous remettre à un ami, une connaissance, à un futur partenaire ou client une carte de visite indiquant que votre domicile se situe boulevard Poubelle? Non, les associations d'idées que suscite la poubelle sont par trop désagréables: la poubelle contient des ordures, et les

welt verschwinden und über die neben den Kanalrinnen herlaufenden Borde rasch zu Freunden in anderen Stadtteilen gelangen konnte. 1944 wurde der Sender, der die Funkverbindung mit London ermöglichte, in der Kanalisation untergebracht.

Ein Ausflug in den Untergrund von Paris mag zunächst weniger reizvoll als der Besuch eines Museums erscheinen, aber derjenige, der das Abenteuer wagt, wird erstaunt feststellen, daß die Luft dort besser ist als in den Straßen der Hauptstadt zu Stoßverkehrszeiten.

Mülltonnen

Wußten Sie, daß ein gewisser Eugène René Poubelle, der von 1883 bis 1896 Präfekt des Départements Seine war, sich zum Ziel gesetzt hat, aus Paris eine saubere Stadt zu machen? Er hatte die Idee, große runde oder rechteckige Behälter aus verzinktem Blech zur Aufnahme von Hausmüll einzuführen. Schon bald nach seinem Amtsantritt setzte er sein Vorhaben bei allen Pariser Hausbesitzern durch, und fortan trugen diese Behälter in ganz Frankreich seinen Namen. Niemand kann in unserer heutigen Konsumgesellschaft, die so viel Müll produziert, auf eine Mülltonne, eine *Poubelle*, verzichten.

Niemand hat Herrn Poubelle die Ehre erwiesen, die ihm gebührte. Weder in Paris noch sonstwo in Frankreich gibt es eine Rue Poubelle, eine Place Poubelle oder einen Quai Poubelle, wo ihm doch die ganze Nation zu Dank verpflichtet ist. Aber seien wir ehrlich: Würden Sie gern in der Rue Poubelle wohnen?

Würden Sie einem Freund, einem Bekannten, einem zukünftigen Geschäftspartner oder Kunden eine Visitenkarte überreichen wollen, auf der steht, daß sich Ihr Wohnsitz am Boulevard Poubelle befindet? Nein, die Gedankenverbindungen sind gar zu unangenehm! Die Mülltonne enthält Müll, und Müll besteht aus verwesen-

ordures sont des matières putrescibles, souillées ; les odeurs qui s'en dégagent ne sont guère alléchantes, sauf peut-être pour les chats de gouttière, et encore.

Même les écologistes – s'ils devaient un jour être en mesure de baptiser des rues ou des bâtiments – songeront sans doute plutôt à l'inventeur du conteneur à verre ou de la machine à recycler les matières plastiques plutôt qu'à ce bienfaiteur de l'humanité citadine. Pauvre Monsieur Poubelle ! Si j'étais poète, je vous dédierais un sonnet.

Le Pied de cochon

Bien qu'il soit cité dans tous les guides gastronomiques et touristiques, le Pied de cochon n'est pas ce qu'il est convenu d'appeler un restaurant à la mode. Sa réputation remonte au temps où le quartier des Halles portait son nom à juste titre : au temps où par les Halles de Paris transitaient 8000 tonnes de denrées alimentaires par jour, destinées à ravitailler plus de sept millions de personnes.

Or avant de rejoindre leur ultime destination, ces 8000 tonnes de marchandises demandaient à être manipulées – et les forts des halles, préposés à leur manutention, allaient puiser leur force . . . au Pied de cochon. Le bourgeois qui, à l'heure du déjeuner, s'aventurait en ces lieux, constatait, ébahi, que ces géants enfournaient deux à trois douzaines d'huîtres, une soupière de tripes, un bifteck gigantesque et un camembert entier, le tout arrosé de deux litres de beaujolais et de quatre ou cinq calvados. Par personne, s'entend. Mais il y a vingt ans déjà que les Halles, construites en 1858 par l'architecte Victor Baltard, sont désertées par les débardeurs : le quartier étant devenu trop exigu, le marché central de Paris a déménagé en banlieue, à Rungis.

Pourtant, même de nos jours, des quantités in-

den, schmutzigen Materialien. Die entsprechenden Gerüche sind alles andere als verlockend, außer vielleicht für streunende Katzen.

Selbst die Grünen – falls sie eines Tages in der Lage sein sollten, Örtlichkeiten und Bauwerke mit Namen zu versehen – würden wohl eher den Erfinder des Glascontainers oder der Plastikrecyclingmaschine berücksichtigen als diesen Wohltäter der städtischen Menschheit. Armer Monsieur Poubelle! Wenn ich Dichter wäre, würde ich Ihnen ein Sonett widmen.

Das Restaurant «Pied de cochon»

Obwohl das «Pied de cochon» in allen gastronomischen und touristischen Führern erwähnt wird, ist es nicht das, was man ein Moderestaurant nennen würde. Seine Berühmtheit stammt aus der Zeit, als das Hallenviertel seinen Namen noch verdiente: aus einer Zeit, als in den Pariser Markthallen täglich 8000 Tonnen Lebensmittel umgeschlagen wurden, die mehr als sieben Millionen Menschen zu ernähren hatten.

Bevor nun diese 8000 Tonnen Ware ihr Endziel erreichten, mußten sie geschleppt werden, und die «Forts des Halles», die Lastenträger der Pariser Markthalle, holten sich ihre Kraft – im Pied de cochon. Der Normalbürger, der sich zur Mittagszeit in dieses Lokal wagte, sah verblüfft zu, wie diese Riesen zwei bis drei Dutzend Austern, eine Schüssel Kutteln, ein riesiges Steak und einen ganzen Camembert vertilgten, das ganze begossen mit zwei Litern Beaujolais und vier bis fünf Gläsern Calvados. Pro Person natürlich.

Aber seit zwanzig Jahren sind die Hallen, die 1858 vom Architekten Victor Baltard erbaut worden waren, von den Lastenträgern verlassen: Weil es in der Innenstadt zu eng wurde, hat man den Pariser Großmarkt in einen Vorort, nach Rungis, verlegt.

Dennoch werden auch heute noch unglaubliche Mengen

croyables de denrées alimentaires passent aux casseroles du Pied de cochon. La maison appartient aux Frères Blanc, de même que la boucherie du même nom. L'approvisionnement en viande ne pose donc aucun problème. 85 000 pieds de cochon sont débités tous les ans, et comme seuls sont utilisés ceux de derrière, ce sont plus de 40 000 porcs qu'il faut abattre pour satisfaire les appétits des clients de l'endroit. On utilise d'ailleurs aussi le museau, les oreilles et la queue pour la spécialité de la maison, «la tentation de Saint Antoine», patron des charcutiers. Cependant, le boeuf reste la viande la plus demandée, avec près de cinq cents côtes et entrecôtes servies chaque jour. Un autre record de la maison, ce sont les huîtres. Une vingtaine de bourriches de deux cents huîtres chacune arrivent quotidiennement, sept jours sur sept, de l'île d'Oléron. Le Pied de chochon peut ainsi se vanter d'être le premier débiteur d'huîtres de la capitale.

Même si les grands affamés que sont les forts des halles ont quitté ce restaurant, et même si leurs successeurs sont surtout des intellectuels maigrichons en quête de culture aux abords du Centre Pompidou, il n'y a rien d'étonnant aux quantités consommées ici : la maison est ouverte vingt-quatre heures sur vingt-quatre, 365 jours par an.

Le Mont des Martyrs

Pour les touristes du monde entier, Montmartre est avant tout le quartier des artistes. Or ce n'est qu'au début du siècle que vinrent s'y installer les peintres et les poètes qui firent plus tard la gloire de ce coin de Paris. Montmartre était alors un quartier modeste ayant gardé le caractère d'un village, et les loyers y étaient peu élevés. Le *Bateau-Lavoir*, où Picasso vint habiter en 1904 et qui fut le lieu

von Lebensmitteln in den Kochtöpfen des Pied de cochon verarbeitet. Das Haus gehört den Gebrüdern Blanc, ebenso die Metzgerei, die denselben Namen trägt. Die Fleischversorgung macht also keine Schwierigkeiten. Es werden hier Jahr für Jahr 85000 Schweinefüße abgesetzt, und da nur die Hinterfüße Verwendung finden, müssen über 40000 Schweine dran glauben, um den Appetit der Kunden dieses Lokals zu stillen. Übrigens werden auch Maul, Ohren und Schwanz verarbeitet für die Zubereitung der Spezialität des Hauses, «die Versuchung des Heiligen Antonius», welcher der Schutzpatron der Fleischer ist.

Rind bleibt jedoch das gefragteste Fleisch im Pied de cochon: es werden täglich über 500 Steaks serviert. Ein weiterer Rekord des Restaurants sind die Austern. Etwa zwanzig Körbe mit je zweihundert Austern werden täglich, sieben Tage in der Woche, von der Insel Oléron angeliefert. Das Pied de cochon kann von sich behaupten, es sei der größte Austernumschlagplatz der Hauptstadt.

Auch wenn die gewaltig hungrigen Lastenträger das Restaurant verlassen haben und ihre Nachfolger nur schmächtige Intellektuelle sind, die sich auf der Suche nach etwas Kultur in der Gegend des Centre Pompidou herumtreiben, braucht man sich über die großen Mengen nicht zu wundern: Das Lokal ist rund um die Uhr geöffnet, 365 Tage im Jahr.

Der Hügel der Märtyrer

Für die Touristen aus aller Welt ist Montmartre in erster Linie das Viertel der Künstler. Aber erst seit Anfang dieses Jahrhunderts haben sich hier die Maler und die Dichter niedergelassen, die später den Ruhm dieses Teils von Paris ausmachten.

Damals war Montmartre ein einfaches Viertel, das noch fast wie ein Dorf anmutete, und die Mieten waren niedrig. Das *Bateau-Lavoir,* das Picasso 1904 bezog und das

de réunion des peintres et des poètes initiateurs du cubisme – un immeuble dont la forme rappelle une péniche – devint une sorte d'hôtel pour artistes pauvres.

Mais de cet ancien quartier de maraîchers il ne reste aujourd'hui que peu de choses: seuls la place du Tertre, quelques rues avoisinantes et un minuscule vignoble quasiment légendaire ont été épargnés par les promoteurs et les agents immobiliers. Les peintres qui de nos jours y proposent leurs «croûtes» médiocres aux touristes de passage, même s'ils se déguisent en bohèmes et jurent tous avoir été les élèves d'Utrillo, n'ont plus rien à voir avec les artistes maudits d'autrefois.

Ce que les visiteurs d'aujourd'hui ignorent le plus souvent, c'est que Montmartre était à l'origine le «Mont des Martyrs». C'est en effet aux chrétiens qui furent exécutés là vers la fin du 3e siècle, au temps des empereurs romains, que cette colline doit son nom. Saint Denis, qui prêchait la foi chrétienne au cours de réunions clandestines à Paris, fut conduit par la rue des Martyrs au pied de la butte et décapité. La légende raconte qu'il aurait ramassé sa tête et continué à marcher jusqu'à l'endroit qui plus tard devint Saint-Denis.

Au sommet de la butte Montmartre, à 100 mètres au-dessus du niveau de la Seine, se dresse la Basilique du Sacré-Cœur. Sans doute est-ce sa situation dominante qui en fait l'un des lieux les plus fréquentés par les touristes. Les paresseux peuvent y accéder en funiculaire. Par temps clair, on peut y jouir d'un panorama superbe.

Cette église est relativement récente, puisqu'elle n'a été construite qu'après la guerre de 70 à la suite d'un voeu fait par les fidèles pour remercier Dieu d'avoir épargné la ville de Paris. Le clocher abrite «la Savoyarde», la plus grosse cloche de Paris, et l'une des plus lourdes du monde.

zum berühmten Treffpunkt der Maler und Dichter wurde, die den Kubismus begründeten – ein Gebäude, dessen Form an einen Kahn erinnert – war so etwas wie ein Hotel für bedürftige Künstler.

Von dem früheren Gemüsegärtnerviertel ist heute kaum noch etwas erhalten: Lediglich die Place du Tertre, einige umliegende Straßen und ein winziger zur Legende gewordener Weinberg wurde von den Baulöwen und den Immobilienmaklern verschont. Die Maler, die heutzutage ihre mittelmäßigen «Schinken» den auf der Durchreise befindlichen Touristen anbieten, haben nichts mehr gemein mit den verteufelten Künstlern von einst – selbst wenn sie sich als Bohémiens verkleiden und allesamt behaupten, Schüler von Utrillo gewesen zu sein.

Was die heutigen Besucher dieses Viertels meist nicht wissen, ist, daß Montmartre ursprünglich «le Mont des Martyrs», der «Hügel der Märtyrer» war. Tatsächlich verdankt der Hügel seinen Namen den Christen, die auf ihm gegen Ende des 3. Jahrhunderts, zur Zeit der römischen Kaiser, hingerichtet wurden. Der heilige Denis, der in geheimen Zusammenkünften in Paris den christlichen Glauben predigte, wurde über die Rue des Martyrs an den Fuß des Hügels geführt und enthauptet. Die Legende besagt, daß er seinen Kopf aufgehoben habe und mit ihm weiter gelaufen sei bis zu dem Ort, der später Saint-Denis wurde.

Auf dem Gipfel des Hügels von Montmartre, hundert Meter über der Seine, steht die Basilika Sacré-Cœur. Vermutlich wegen dieser beherrschenden Lage ist sie eine der meistbesuchten Sehenswürdigkeiten von Paris. Wer zu bequem ist, den Berg zu besteigen, kann mit einer Seilbahn hinaufgelangen. Bei klarem Wetter genießt man von dort ein prachtvolles Panorama.

Die Kirche ist nicht sehr alt: Sie wurde erst nach dem Krieg von 1870–71 erbaut, aufgrund eines Gelübdes, das die Gläubigen abgelegt hatten, das heißt: um Gott zu danken, daß er die Stadt Paris verschont hatte. Der Kirchturm beherbergt die «Savoyarde», die größte Glocke von Paris und eine der schwersten der Welt.

En janvier 1858 Richard Wagner se rendit à Paris et, sur le chemin du retour, rendit visite à un compatriote de Dresde, le peintre Ernst-Benedikt Kietz qui, selon le témoignage du compositeur, peignait si lentement qu'il parvenait rarement à achever un portrait avant que le modèle mourût. A cette époque-là, Kietz séjournait à Epernay, chez la famille Chandon, peignait des portraits de famille . . . et buvait du champagne.

Kietz peignait-il si lentement parce qu'il voulait jouir plus longtemps du plaisir de boire du champagne? Ou au contraire parvint-il à terminer quelques-uns des portraits parce que le délicieux breuvage le stimulait? Cela n'a pas été transmis à la postérité. En revanche, les impressions que Wagner a rapportées de Champagne ont, elles, été transmises – par le Maître en personne. «Dès mon arrivée on m'attira immédiatement vers la maison très hospitalière de Chandon et je ne pus refuser de m'y reposer deux jours (. . .) J'y visitai aussi ces fabuleuses caves à vin qui se creusent sur des kilomètres dans les entrailles de la Champagne.» Wagner ne nous dit pas, si c'est à cette occasion qu'il goûta pour la première fois le champagne. Il était végétarien, certes, mais il n'a pas poussé le vice jusqu'à se priver également d'alcool; on peut donc supposer qu'il avait été initié au champagne auparavant. Mais son penchant s'est renforcé, cela ne fait aucun doute: lorsque, trois ans plus tard, eut lieu à Paris la très fameuse création de *Tannhäuser* qui entra dans les annales du théâtre, il y avait parmi le public «fort heureusement Monsieur Chandon d'Epernay avec un panier de ‹Fleur du Jardin›, le meilleur de ses champagnes, et qui était destiné à arroser l'heureux succès de mon Tannhäuser.» Ainsi parle Richard Wagner dans *Ma vie*.

Musik und Champagner

Im Januar 1858 reiste Richard Wagner nach Paris, und auf der Rückreise besuchte er einen Dresdner Landsmann, den Maler Ernst-Benedikt Kietz, der nach dem Zeugnis des Komponisten so langsam im Malen war,

daß kaum je ein Porträt fertiggestellt wurde, bevor der Porträtierte starb. Kietz befand sich damals gerade als Gast der Familie Chandon in Epernay. Er malte Familien-Porträts und – trank Champagner.

Hat Kietz so langsam gemalt, weil er sich möglichst lange am Champagnergenuß erfreuen wollte? Oder wurden im Falle der Familie Chandon gerade deshalb einige Porträts fertig, weil der Künstler von dem köstlichen Getränk so angeregt wurde? Das ist der Nachwelt nicht überliefert. Überliefert ist jedoch, und zwar von Richard Wagner persönlich, welche Eindrücke der Meister von der Champagne mit nach Hause nahm. «Bei meiner Ankunft wurde ich sogleich unwiderstehlich in das gastfreundliche Haus Chandons gezogen und durfte mich nicht weigern, zwei Tage dort auszuruhen. (...) Hier besuchte ich denn auch jene fabelhaften Weinkeller, welche sich meilenweit in die Eingeweide der Champagne hineinziehen.»

Ob Wagner erst bei dieser Gelegenheit auf den Geschmack des Champagners gekommen ist, erzählt er nicht. Da er zwar Vegetarier war, nicht aber obendrein noch Anti-Alkoholiker, darf man annehmen, daß er diese Weihe schon früher erfahren hatte. Aber ohne Zweifel hat sich anläßlich dieses Besuches seine Zuneigung vertieft: Als drei Jahre später die berüchtigte, Theatergeschichte machende Uraufführung des *Tannhäuser* in Paris über die Bühne ging, fand sich unter den Gästen «glücklicherweise auch Herr Chandon von Epernay mit einem Korb ‹Fleur du Jardin›, dieser seiner vorzüglichsten Champagner-Sorte, welche dem glücklichen Erfolge des Tannhäuser zugetrunken werden sollte.» So Richard Wagner in *Mein Leben*.

La fête tomba à l'eau. Wagner consacra dix pages à la description minutieuse de la débâcle, et pour finir il dit: «...et la ‹Fleur du Jardin› de Chandon périt dans la chambre à provisions.» Là, Wagner ment. Dans sa lettre de remerciements à Chandon il écrit en effet: «Croyez-moi, ce vin merveilleux que vous m'avez envoyé s'est révélé être le seul moyen de faire renaître en moi la joie de vivre, et je ne puis assez louer l'effet qu'il eut sur moi et les personnes qui m'entouraient à une époque où il y avait tant de choses que je tentais d'oublier...»

Wagner continua à commander du champagne. L'interruption des livraisons par suite de la guerre de 1870 lui fut plus douloureuse que la guerre elle-même. Le champagne accompagna le Maître jusqu'à la fin de sa vie. Le paiement des factures cependant posait le plus souvent des problèmes. Dans les vieux livres de comptes de la maison Chandon on trouve plus d'une facture au nom de Monsieur Richard Wagner, Bayreuth, restée impayée jusqu'à nos jours.

En passant par la Lorraine avec mes sabots

Toute Française sait que l'on traverse la Lorraine en sabots, et cela n'empêche pas d'y trouver un amoureux. C'est du moins ce que dit une vieille chanson fort allègre et certainement plus connue que n'importe laquelle des chansons populaires allemandes, qu'elle vante la beauté du Westerwald ou celle du Rhin. Pourtant, les randonnées à travers la Lorraine, surtout la Lorraine du Nord, n'ont probablement eu que peu d'attrait un bon siècle durant. Avec le développement des mines de fer et de la sidérurgie, particulièrement après 1871, des régions entières de cette province se transformèrent en déserts grisâtres. Vers le milieu du XXe siècle, la

Aus der Feier wurde nichts. Zehn Seiten lang schildert Wagner das Theaterdebakel. Zum Schluß sagte er: «... und Chandons ‹Fleur du Jardin› verkümmerte in der Vorratskammer.» Das war gewiß gelogen, denn in einem Dankbrief an Chandon schreibt Wagner: «Glauben Sie mir, der wunderbare Wein, den Sie mir geschickt haben, hat sich als das einzige Mittel entpuppt, in mir wieder die Lust am Leben zu wecken, und ich kann die Wirkung nicht genügend loben, die er auf mich und die Menschen, die mich umgeben, ausübte, zu einem Zeiptunkt, als es so vieles gab, das ich zu vergessen trachtete...»

Wagner bestellte später immer wieder Champagner. Die Unterbrechung der Lieferungen durch den Krieg von 1870 traf ihn schmerzlicher als der Krieg selbst. Champagner begleitete den Meister bis zu seinem Lebensende. Mit der Bezahlung allerdings haperte es meist. In den alten Geschäftsbüchern der Firma Chandon sind etliche Rechnungen verbucht, die an Monsieur Wagner, Bayreuth, ausgefertigt sind und für die bis heute kein Geldeingang festgestellt werden konnte.

In Holzschuhen durch Lothringen

Jede Französin weiß, daß man Lothringen in Holzschuhen durchquert – und trotzdem keine Schwierigkeiten hat, einen Freier zu finden. So heißt es nämlich in einem munteren französischen Volkslied, das wohl bekannter ist als jedes deutsche, ganz gleich ob es den schönen Westerwald oder den Rhein besingt.

Dabei dürften Wanderungen durch Lothringen, vor allem durch Nordlothringen, ein gutes Jahrhundert lang nicht sehr verlockend gewesen sein.

Mit der Entwicklung der Eisenhütten und der Stahlindustrie, besonders nach 1871, wurden ganze Teile dieser Provinz in grauschwarze Wüsten verwandelt. In der Mitte des 20. Jahrhun-

Lorraine était si mal-aimée qu'elle passait parfois pour être la Sibérie de la France. Le fonctionnaire récalcitrant était muté en Lorraine. Et ce n'était sûrement pas du gâteau que de vivre à Uckange.

Un professeur raconte que pour se rendre à son poste à Rombas elle s'offrit une nouvelle voiture blanche – pour échapper plus vite à son enfer pendant les week-ends. Le deuxième jour elle constata que sa voiture, garée devant le lycée, avait disparu. La police ne tarda pas à retrouver le véhicule, très précisément à l'endroit où sa propriétaire l'avait laissé: il avait simplement changé de couleur. Les hauts-fourneaux qui crachaient la nuit l'avaient repeint en une couleur brun-roux.

Cette sombre période ne sera bientôt plus qu'un lointain souvenir. La sidérurgie commença dès les années 70 à s'implanter à Fos-sur-Mer près de Marseille. De plus en plus de hauts-fournaux furent démontés. Il est prévu que le dernier d'Uckange sera démoli début 1992. Les communes concernées s'étiolèrent et se transformèrent, en l'espace de quelques années, en des paradis de verdure, de ces paradis que l'on traverserait volontiers en sabots.

Mais des paradis pour les yeux seulement, car la population restée sur place se retrouva sans travail, privée de revenus. Il s'agissait donc de trouver pour la région des activités de substitution, autant que possible attrayantes pour les jeunes, afin d'éviter à court ou à long terme un vieillissement irrémédiable de la population.

A Hagondange on s'est montré inventif. Quelques douzaines d'emplois ont été créés et l'on s'est imaginé qu'on pourrait attirer des bataillons de petits et de grands enfants à qui l'on extorquerait leur argent de poche en créant dans les prés verdoyants récemment gagnés un «Nouveau Monde des Schloumpfs», une sorte de super-parc d'attractions selon le modèle de Disneyland.

derts war Lothringen so unbeliebt, daß es zeitweise als das Sibirien Frankreichs galt. Wer sich als Beamter nicht ganz linientreu zeigte, wurde nach Lothringen versetzt. Fürwahr, in Uckange zu leben war eine Strafe.

Eine Lehrerin berichtet, daß sie sich zum Antritt ihrer neuen Stelle in Rombas ein neues, weißes Auto geleistet hatte, damit sie zum Wochenende ihrer Hölle ganz schnell entrinnen konnte. Am zweiten Schultag stellte sie fest, daß ihr Auto, das sie über Nacht vor der Schule geparkt hatte, verschwunden war. Die Polizei fand das Gefährt sehr bald wieder, und zwar genau an der Stelle, wo die Besitzerin es abgestellt hatte. Es hatte lediglich die Farbe gewechselt. Die in der Nacht Qualm speienden Hochöfen hatten es rostbraun gefärbt.

Das Zeitalter des Qualms wird bald endgültig vorüber sein. Die Stahlindustrie hat bereits in den siebziger Jahren damit begonnen, nach Fos-sur-Mer bei Marseille umzuziehen. Immer mehr lothringer Hochöfen wurden demontiert. Der letzte Hochofen, der von Uckange, soll Anfang 1992 abgebaut werden. Die betroffenen Gemeinden sind geschrumpft und haben sich binnen weniger Jahre in grüne Paradiese verwandelt, solche, die man gern wieder in Holzschuhen durchqueren möchte.

Paradiese allerdings nur fürs Auge, denn die verbleibende Bevölkerung sieht sich ihrer Arbeit und ihres Einkommens beraubt. Nun geht es darum, neue Wirtschaftszweige in der Region anzusiedeln, möglichst solche, die auch eine Anziehungskraft auf die junge Generation ausüben, damit nicht über kurz oder lang eine heillose Überalterung eintritt.

In Hagondange ist man erfinderisch gewesen. Man hat ein paar Dutzend Arbeitsplätze geschaffen, und dann hat man sich vorgestellt, es würden ganze Heerscharen von kleinen und großen Kindern herbeiströmen, denen man das Taschengeld entlocken könnte, indem man eine «Neue Welt der Schlümpfe» aus den erneut entstandenen grünen Wiesen stampfte, einen Super-Freizeitpark nach dem Muster von Disneyland.

La commune et la région ne semblent pas vraiment satisfaites du succès de ce projet. Le parc à jeux, inauguré en 1989, ne fait qu'une fraction du chiffre d'affaire escompté. La raison serait-elle que l'humanité n'est pas aussi désespérément vouée au kitsch que les prospecteurs ont bien voulu le croire? Ou tout simplement qu'un père de famille au chômage peut difficilement offrir à ses marmots le luxe d'une visite à ce nouveau monde en plastique à raison de 80 francs par tête de pipe?

Faut-il alors en revenir aux promenades en sabots? Ce plaisir serait certainement meilleur marché. Et combien plus idyllique. Mais une région enfin convalescente sur le plan écologique peut-elle être sauvée sur le plan social grâce à un nostalgique retour à la simplicité? Qui oserait le prétendre?

Un paradis pour les gourmands

Lorsque Louis XIV pénétra pour la première fois en Alsace par le col de Saverne, il fut subjugué. «Quel beau jardin!», s'écria-t-il. Or un beau jardin est toujours un lieu de bonheur culinaire. Même les Parisiens, qui n'éprouvent que dédain pour tout ce qui vient de la province, s'accordent à reconnaître que l'Alsace est un haut lieu de la bonne chère.

Il semble pourtant qu'il n'en ait pas toujours été ainsi. Dans son *Histoire naturelle de la province d'Alsace,* un médecin parisien du XVIIe siècle, nous dit: «Les aliments participent du climat où ils croissent. En Alsace ils sont par eux-mêmes grossiers et visqueux.» Il énumère alors tous ces légumes infects dont se nourrissent les Alsaciens, épinards, navets, fèves, pois secs et surtout «choux de toute espèce». Et il poursuit: «Les Alsaciens ne sont pas friands de bonne chère; leurs viandes sont mal apprêtées, leurs ragoûts sans délicatesse, leurs rôtis

44
45

Die Gemeinde und die Region scheinen nicht recht zufrieden zu sein mit dem Erfolg des Unternehmens. Die 1989 eröffnete Spielwiese macht nur einen Bruchteil des Umsatzes, auf den man spekuliert hatte. Ob es daran liegt, daß die Menschheit doch nicht so hoffnungslos verkitscht ist, wie die Marktforscher unterstellt hatten,

oder daran, daß ein arbeitsloser Vater es sich schlecht leisten kann, seine Brut für achtzig Francs pro Kopf in die neue Plastikwelt zu schicken?

Also lieber zurück zur Wanderschaft in Holzschuhen? Es wäre gewiß ein billigeres Vergnügen, und idyllischer wäre es auch. Aber ob eine – endlich – ökologisch genesende Region mit nostalgischer Rückkehr ins einfache Leben sozial zu retten ist: wer traute sich das zu sagen?

Ein Paradies für Feinschmecker

Als Ludwig XIV. zum erstenmal über den Zaberner Paß ins Elsass kam, war er überwältigt. «Welch schöner Garten!» rief er. Ein schöner Garten ist immer auch eine Stätte kulinarischer Wonnen. Selbst die Pariser, die sonst nur Verachtung empfinden für alles, was aus der Provinz kommt, erkennen an, daß das Elsass eine Hochburg des guten Speisens ist.

Es scheint nicht immer so gewesen zu sein. In seiner *Naturgeschichte der Provinz Elsass* schreibt ein Pariser Arzt des 17. Jahrhunderts: «Die Nahrungsmittel haben die Eigenschaften des Klimas, in dem sie wachsen. Im Elsass sind sie grob und schleimig.» Danach zählt er all diese scheußlichen Gemüse auf, von denen sich die Elsässer ernähren, Spinat, Rüben, dicke Bohnen, Erbsen und vor allem «allerlei Kohlsorten». Und er fährt fort:

«Im Geschmack sind die Elsässer nicht wählerisch. Ihr Fleisch ist schlecht zubereitet, ihren Ragouts fehlt jegliche Feinheit, ihre Braten sind trocken.

secs. (...) Ils font une soupe d'une ou deux livres de bœuf qui se promènent, quelques temps, dans un baquet d'eau bouillante, les herbes n'y cuisant pas. S'ils mangent peu de bonne viande, ils en mangent beaucoup de mauvaise...»

Quiconque est venu goûter en Alsace la cuisine du terroir, que ce soit dans un petit «Winstub» ou à une grande table, a du mal à se l'imaginer. Cependant, il semble bien que ce n'est qu'au cours du XVIIIe siècle que la cuisine alsacienne gagna peu à peu en raffinement. 1780 fut une date capitale pour les fervents amateurs de gastronomie alsacienne. Cette année-là, Jean-Pierre Clause, le cuisinier au service du Maréchal de Contades alors gouverneur d'Alsace, inventa le foie gras. Apparemment, sa terrine ne présentait qu'une ressemblance lointaine avec ce que nous mangeons aujourd'hui sous la dénomination de foie gras. Pendant la Révolution, un cuisinier bordelais de passage à Strasbourg proposa à Clause d'incorporer une truffe du Périgord dans sa spécialité...

À partir de cette époque le génie culinaire de l'Alsace put éclore. Le «beau jardin» devint cette «terre bénie des dieux» que nous percevons lorsque, par une belle journée d'automne, nous contemplons le vignoble alsacien, ou, mieux encore, lorsque nous humons le parfum incomparable d'un grand Riesling ou d'une divine eau de vie de fruits. Si les hasards de la vie nous conduisent à Ribeauvillé un 1er septembre, jour de la fête des Ménétriers, notre émerveillement est celui de l'enfant à qui l'on raconte l'histoire de l'âne qui crachait des ducats: sur la place de l'Hôtel de ville se trouve une fontaine fabuleuse où coule non pas de l'eau, mais du vin, et chacun peut s'y désaltérer à son gré...

(. . .) Sie kochen eine Suppe aus einem oder zwei Pfund Rindfleisch, das einige Zeit in einem Topf voll kochendem Wasser herumschwimmt, es werden keine Kräuter mitgekocht. (. . .) Sie essen wenig gutes Fleisch, dafür viel schlechtes . . .»

Wer jemals Gelegenheit hatte, im Elsass die einheimische Küche zu genießen, sei es in einer kleinen Weinstube oder einem Nobelrestaurant, kann sich das kaum mehr vorstellen. Es scheint jedoch, daß sich die elsässische Küche tatsächlich erst im Laufe des 18. Jahrhunderts nach und nach verfeinerte. Für diejenigen, die begeistert sind von der elsässischen Kochkunst, war 1780 ein bedeutendes Datum. In jenem Jahr hat Jean-Pierre Clause, Koch in den Diensten des Marschalls de Contades, des damaligen Gouverneurs im Elsass, die Gänseleberpastete erfunden. Seine Terrine scheint jedoch wenig Ähnlichkeit gehabt zu haben mit dem, was wir heute unter der Bezeichnung *foie gras* zu essen bekommen. Während der Revolution hat ein Koch aus Bordeaux, auf der Durchreise in Straßburg, seinem Kollegen Clause vorgeschlagen, seiner Spezialität eine Trüffel aus dem Périgord zuzufügen . . .

Von da an konnte sich das kulinarische Genie des Elsass frei entfalten. Aus dem «schönen Garten» wurde eine «von Gott begnadete Gegend». Die können wir wahrnehmen, wenn wir an einem schönen Herbsttag die elsässischen Weinberge betrachten, oder besser, wenn wir den unvergleichlichen Duft eines großen Rieslings oder eines himmlischen Obstschnapses einatmen. Sollten die Zufälle des Lebens uns an einem 1. September, am «Pfifferdag», dem Fest der Dorfmusikanten, nach Ribeauvillé, ins ehemalige Rappoldsweiler führen, ist unsere Verwunderung die des Kindes, dem man die Geschichte vom Dukatenesel erzählt: Auf dem Rathausplatz steht ein Märchenbrunnen, aus dem nicht Wasser, sondern Wein fließt, und jeder darf sich daran laben.

Dans les années soixante, lorsque de jeunes poètes suivirent l'exemple de Germain Müller et trouvèrent un langage nouveau pour défendre haut et fort la langue et la culture alsaciennes, une histoire à propos des cigognes d'Alsace fit le tour du pays.

Ce grand oiseau qui est l'un des symboles de la région avait disparu depuis belle lurette des clochers villageois et si les petits Alsaciens de l'époque voulaient voir ces animaux devenus presque mythiques, il fallait les conduire au zoo du parc de l'Orangerie à Strasbourg. Les quelques rares exemplaires aux ailes amputées qui s'y trouvaient – et qui s'y trouvent toujours – derrière un grillage sinistre faisaient penser à de pauvres épouvantails à la retraite.

A cette époque circulait en Alsace la devinette suivante : Pourquoi n'y a-t-il plus de cigognes dans notre pays ? La première partie de la réponse était invariablement la même : Parce qu'elles ne s'y retrouvent plus ! Et pourquoi ne s'y retrouvent-elles plus ? Elles n'entendent plus parler l'alsacien. Elles croient n'être pas encore arrivées à destination et continuent leur chemin. Pour la seconde partie de l'histoire, il existe deux variantes : soit les cigognes continuaient leur migration vers le nord et finissaient par s'arrêter dans le Palatinat ou en Rhénanie où elles retrouvaient les consonances germaniques qu'elles s'étaient vainement efforcées de découvrir en Alsace. Soit elles faisaient demi-tour et rentraient illico en Afrique. Là, au moins, on ne leur faisait pas le mauvais coup de bouleverser les coutumes linguistiques.

Un beau jour, trois décennies après que Germain Müller eut constaté : *Mer sen d'letschte, wo rede wie uns d'r Schnawel gewachse esch* – les Strasbourgeois se frottèrent les yeux : ne voilà-t-il pas qu'un

Die Störche im Elsass

Als in den sechziger Jahren junge Dichter, dem Beispiel von
Germain Müller folgend, eine neue Stimme fanden, um
laut und deutlich die elsässische Sprache und Kultur zu verteidigen, machte eine Geschichte über die Störche des Elsass
die Runde.

Dieser große Vogel, eines der Symbole der Region, war
seit geraumer Zeit von den Kirchtürmen der Dörfer verschwunden, und wenn in den besagten Jahren die elsässischen Kinder solche inzwischen fast mythischen Tiere sehen
wollten, mußte man sie in den Zoo des Orangerie-Parks in
Straßburg führen. Die wenigen Exemplare, die dort hinter
einem traurigen Zaun aus Maschendraht zu finden waren
– und immer noch zu finden sind –, sahen mit ihren gestutzten Flügeln wie arme außer Dienst gestellte Vogel-
scheuchen aus.

In jenen Jahren also war im Elsass folgende Scherzfrage im Umlauf: Warum gibt es bei uns zulande keine
Störche mehr? Der erste Teil der Antwort war stets der
gleiche: Weil sie sich nicht mehr auskennen. Und warum
kennen sie sich nicht mehr aus? Weil sie niemanden mehr
Elsässisch sprechen hören. Sie glauben, sie seien noch nicht
da, wo sie hinwollten, und fliegen weiter.

Den zweiten
Teil der Geschichte gibt es in zwei verschiedenen Fas-
sungen. Entweder: Die Störche zogen weiter nach Norden
und ließen sich schließlich in der Pfalz oder im Rheinland nieder, weil sie dort die deutschen Sprachklänge ver-
nahmen, die sie im Elsass vergeblich zu vernehmen ge-
hofft hatten. Oder: Sie machten kehrt und flogen schnurstracks nach Afrika zurück. Dort wenigstens spielte man
ihnen keine bösen Streiche, indem man einfach die Sprach-
gewohnheiten änderte.

Drei Jahrzehnte nachdem Germain Müller verkündet
hatte *Mer sen d'letschte, wo rede wie uns d'r Schnawel
gewachse esch*, rieben sich die Straßburger eines schönen
Tages die Augen: Da schwebte doch tatsächlich ein Storchen-

couple de cigognes tournoyait longuement autour du clocher d'une de leurs nombreuses églises! Non, les deux oiseaux préférèrent ne pas nicher en ville. Peut-être continuèrent-ils leur chemin jusqu'à Sesenheim, qui sait? Mais quelques-uns parmi ceux qui avaient vu la scène se seront souvenus de la fameuse devinette et auront repris espoir: la langue alsacienne serait-elle en train de revivre?

L'orgueil du Franc-comtois

Le Franc-Comtois ne s'accommode d'aucune servitude. Le premier qui en fit cruellement l'expérience fut César, le Romain. Appelé en libérateur – il chassa les barbares et força le farouche Arioviste à rebrousser chemin avec ses bandes guerrières – il devint à son tour l'ennemi. César fut celui qui ouvrit l'ère des longues guerres qui ravagèrent ce beau pays tant convoité. Jusqu'au jour où le Roi-Soleil intégra définitivement la Franche-Comté à la France.

L'orgueil du Franc-Comtois est un orgueil parfaitement paysan. Proudhon, le socialiste que la fameuse phrase: «La propriété c'est le vol!» a rendu célèbre, est un enfant du pays. D'origines modestes, il ne peut finir ses études et s'installe comme imprimeur dans sa ville natale, Besançon, où il fréquente assidûment les Fouriéristes qui l'initient au idées fondamentales du socialisme.

On raconte qu'un jour il répondit à un gentilhomme fat qui faisait parade de ses origines: «J'ai quatorze quartiers de paysannerie, Monsieur! Comptez-vous le même nombre de quartiers de noblesse?»

Le peintre Gustave Courbet était lui aussi Franc-Comtois. Il fit la connaissance de Proudhon en 1852. Bien que d'origine plus aisée – ses parents

paar lange und geduldig um einen ihrer zahlreichen Kirch-
türme herum. Nisten wollten die beiden Vögel dann doch
nicht in der Stadt. Vielleicht zogen sie ein Stück weiter ins
nahe Sesenheim, wer weiß. Aber manche von denen, die
das schöne Schauspiel sahen, mögen an die zweifelhafte
Scherzfrage gedacht und plötzlich Hoffnung geschöpft haben:
Sollte die elsässische Sprache doch wieder im Kommen
sein?

Der Stolz des Franc-Comtois

Der Franc-Comtois kann keinerlei Knechtschaft ertragen.
Der erste, der das erfahren mußte, war Cäsar, der Römer. Er
wurde als Befreier gerufen – er verjagte die Barbaren und
zwang den wilden Ariovist samt seinen kriegerischen Banden
zum Rückzug – und wurde danach seinerseits als Feind be-
kämpft. Cäsar war derjenige, der das lange Zeitalter der
Kriege eröffnete, die dieses so begehrte schöne Land über
Jahrhunderte verwüsteten. Bis zu dem Tag, als der Sonnen-
könig die Franche-Comté endgültig dem Staate Frankreich
einverleibte.

Der Stolz des Franc-Comtois ist der Stolz des Bauern.
Proudhon, der Sozialist, den der Satz «Eigentum ist Dieb-
stahl» berühmt gemacht hat, war ein Kind des Landes. Er
stammte aus einem bescheidenen Haus und konnte nicht
zu Ende studieren; er wurde Drucker in seiner Geburts-
stadt Besançon, wo er eifrig mit den Anhängern Fouriers
verkehrte, die ihn in die Grundideen des Sozialismus ein-
weihten. Es wird erzählt, daß er eines Tages einem eitlen,
selbstgefälligen Edelmann begegnete, der lautstark mit seiner Abstammung prahlte. Proudhon habe ihm geantwortet:
«Ich kann vierzehn bäuerliche Vorfahren nachweisen, mein
Herr. Können Sie mit der gleichen Anzahl an adeligen
aufwarten?»

Auch der Maler Gustave Courbet war ein Franc-Comtois.
Er lernte Proudhon im Jahre 1852 kennen. Zwar kam er
aus einem wohlhabenderen Hause – seine Eltern waren

étaient de gros propriétaires terriens – il adopta les idées sociales de son ami et continua de les propager même après la mort de Proudhon (en 1870 il fut élu membre de la Commune et à ce titre fut poursuivi en justice et condamné après l'échec de ce régime. Il dut se réfugier en Suisse, où il mourut en 1877).

Lui aussi a donné un fameux exemple d'orgueil franc-comtois: en 1854 il peint l'un de ses tableaux les plus célèbres, *La Rencontre*, qui se trouve aujourd'hui au musée de Montpellier et qui est parfois mentionné sous un autre titre: *Bonjour, Monsieur Courbet!* Deux bourgeois élégants s'avancent vers le peintre d'un air engageant. L'un d'entre eux lui tend même la main. Un soleil tout méridional illumine la scène, mais sur la route, une seule ombre portée est visible: celle du peintre. Les riches bourgeois, eux, n'en ont pas. Deux messieurs Personne! Quel mépris suprême, quel immense orgueil!

La joie ruisselait de colline en colline

Alphonse de Lamartine, né à Macon en 1790, était le plus romantique des romantiques français. Mais dans ses souvenirs d'enfance, c'est avec un réalisme, une truculence pas romantiques du tout qu'il parle des vendanges dans le sud de la Bourgogne. «Les femmes nous prenaient dans leurs mains, et, nous aidant à gravir les jantes des roues, nous précipitaient debout dans la baignoire. La baignoire est la cuve ovale et portative dans laquelle le vendangeur va à la vigne recueillir les bennes de raisins coupés, pour les ramener au pressoir. Des quantités de mouches gluantes et de guêpes qui suivaient, de la vigne au village, la récolte coupée et s'enivraient du jus déjà fermentant du raisin, tombaient avec les grappes dans les baignoires, mais conservaient assez d'instinct pour ne pas nous piquer.» Et en adulte

Großgrundbesitzer – aber er übernahm dennoch die sozialen Ideen seines Freundes. Er setzte sich auch nach dessen Tod noch für ihre Verbreitung ein. (1870 wurde er zum Mitglied der Pariser Commune gewählt und nach deren Scheitern verfolgt und verurteilt. Er mußte in die Schweiz flüchten, wo er 1877 starb.)

Auch Courbet hat ein bemerkenswertes Beispiel für den Stolz der Franc-Comtois' geliefert: 1854 malte er eines seiner berühmtesten Bilder, *Die Begegnung,* das sich heute im Museum von Montpellier befindet und das manchmal auch unter dem Titel *Bonjour, Monsieur Courbet* geführt wird. Zwei elegante Großbürger gehen mit freundlicher Miene auf den Maler zu, der eine streckt sogar die Hand nach ihm aus. Eine südländische Sonne beleuchtet die Szene, aber auf der Straße ist nur ein einziger Schatten zu sehen: der des Malers. Die reichen Bürger haben keinen. Zwei Niemande. Welch unendliche Verachtung, welch gigantischer Stolz!

Die Freude tropfte von Hügel zu Hügel

Alphonse de Lamartine, 1790 in Mâcon geboren, war der romantischste aller französischen Romantiker. Aber in seinen Kindheitserinnerungen erzählt er von den Weinlesen im südlichen Burgund mit einem Realismus, einer Urwüchsigkeit, die keine Spur romantisch sind. «Die Frauen nahmen uns in ihre Hände, halfen uns auf die Felgen der Räder zu klettern und schleuderten uns stehend in die ‹Wanne›. Die Wanne ist eine ovale tragbare Kufe, mit welcher der Weinleser zum Weinberg geht, um dort die zunächst in Kübel gelegten abgeschnittenen Weintrauben einzusammeln und zur Presse zu bringen. Zahllose klebrige Fliegen und Wespen, die vom Weinberg bis ins Dorf dem Erntezug folgten und sich am schon gärenden Saft der Beeren berauschten, fielen zugleich mit den Trauben in die Wannen, hatten aber noch genügend Instinkt, um uns nicht zu stechen.» Seine Kinder-Eindrücke faßt er dann allerdings als

nostalgique, il résume ses impressions d'enfant dans une métaphore pour le moins «juteuse»: «La joie ruisselait, comme le vin, de colline en colline.»

C'est un autre personnage de la littérature française qui s'est fait l'ambassadeur de sa Bourgogne natale. Il s'agit d'une femme: Gabrielle Sidonie Colette. Elle raconte comment, dès l'âge de onze ans, sa mère lui fit boire au goûter les vins les plus prestigieux. Ces vins, héritage d'un premier mari, elle les avait soigneusement enterrés dans sa cave en 1870, pour les sauver de la rapacité éventuelle des soldats allemands. Quinze ans plus tard, «ma mère craignait qu'en grandissant je ne prisse les ‹pâles couleurs›. Une à une, elle déterra, de leur sable sec, des bouteilles qui vieillissaient sous notre maison, dans une cave – elle est, Dieu merci, intacte – minée à même un bon granit. J'envie, quand j'y pense, la gamine privilégiée que je fus. Pour accompagner au retour de l'école mes en-cas modestes – côtelette, cuisse de poulet froid ou l'un de ces fromages durs, ‹passés› sous la cendre de bois et qu'on rompt en éclats, comme une vitre, d'un coup de poing – j'eus des vins qui avaient echappé, en 70, aux ‹Prussiens›. Certains vins défaillaient, pâlis et parfumés encore comme la rose morte; ils reposaient sur une lie de tannin qui teignait la bouteille, mais la plupart gardaient leur ardeur distinguée, leur vertu roborative. Le bon temps!»

On voit à quel point la mère de Colette se souciait d'éviter que son enfant ne souffrît d'anorexie. Apparemment les animaux familiers de Colette ont, eux ausi, succombé au péché de gourmandise de leur maîtresse. Un chat «trop végétarien pour un chat» choisit les fraises les plus mûres du jardin, un autre raffole de melon, un troisième apprécie les fruits de mer et les escargots. Jusqu'à l'araignée qui descendait toutes les nuits du plafond, irrésistible-

erinnerungsseliger Erwachsener in der überaus saftigen Metapher zusammen: «Die Freude tropfte, wie der Wein, von Hügel zu Hügel.»

Es gibt noch eine andere Gestalt der französischen Literatur, eine Frau, die sich zur Botschafterin ihres heimatlichen Burgund gemacht hat: Gabrielle Sidonie Colette. Sie erzählt, wie ihre Mutter ihr schon mit elf Jahren beim Nachmittagsimbiß die herrlichsten Weine zu trinken gab. Diese Weine, eine Hinterlassenschaft von einem ersten Ehemann, hatte sie 1870 sorgfältig im Keller eingegraben, um sie vor der möglichen Begierde der deutschen Soldaten zu schützen. Fünfzehn Jahre später

«befürchtete meine Mutter, daß ich beim Wachsen ‹blasse Farben› annehmen könnte. Eine nach der anderen grub sie aus dem trockenen Sand die Flaschen, die unter unserem Haus lagerten, in einem Keller – Gott sei Dank ist er unberührt geblieben – der unmittelbar in soliden Granit gehauen war. Wenn ich daran zurückdenke, beneide ich das verwöhnte Gör, das ich war. Um nach der Rückkehr aus der Schule meine bescheidenen Imbisse zu begleiten – Kotelett, kalten Hühnerschlegel oder einen jener harten Käse, die in Holzasche gewälzt sind und die man mit einem Fausthieb zersplittern läßt wie eine Glasscheibe – bekam ich die Weine, die 1870 den Preußen entgangen waren. Manche waren schwächer geworden, blasser, aber sie dufteten noch wie welke Rosen; sie ruhten auf einem Bodensatz aus Tannin, der die Flasche farbte, aber die meisten hatten ihre vornehme Glut, ihre stärkende Kraft bewahrt. Die gute Zeit!»

Man sieht, wie sehr Colettes Mutter daran gelegen war, ihr Kind vor Magersucht zu bewahren. Colettes Haustiere sind scheinbar der gleichen Eßlust wie ihre Herrin verfallen. Eine «für eine Katze allzu vegetarische» Katze sucht sich im Garten die reifsten Erdbeeren aus,

eine andere hat eine deutliche Vorliebe für Melone, eine dritte schätzt vor allem Meeresfrüchte und Schnecken. Bis hin zur Spinne, die allnächtlich von der Decke herabgleitet, wie magisch ange-

ment attirée par un bol de chocolat crémeux: «Elle empoignait de ses huit pattes le bord de la tasse, se penchait tête première, et buvait jusqu'à satiété.»

Jamais, à aucun moment de sa vie, Colette ne reniera ses origines provinciales. «Malgré les chaises anglaises au dossier inhospitalier (...), la longue salle à manger est restée provinciale, Dieu merci, un peu sombre et sérieuse: une seule fenêtre et beaucoup de placards pour les liqueurs, l'épicerie et les confitures...» Et la province de Colette, c'est toujours une province du bien boire, du bien manger, c'est toujours la Bourgogne.

Marché en Auvergne

Il n'y a pas si longtemps encore, les Parisiens allaient chez le «bougnat» pour acheter de quoi se chauffer... le charbon pour le corps, le vin pour l'âme. Les boutiques de «vins et charbon» étaient presque aussi nombreuses que les épiceries ou les boulangeries. «Bougnat» est une abréviation du mot «charbougna» – qui correspond à une imitation plaisante du mot «charbonnier» en auvergnat.

Les Auvergnats sont connus pour être de redoutables commerçants. Etaient-ce les plus redoutables d'entre eux qui montèrent à Paris au XIXe siècle pour quasiment y monopoliser le négoce en «vins et charbon»? Peut-être étaient-ce simplement les plus courageux parmi ceux que la pauvreté entraîna loin du pays. Dans aucune autre région de France l'exode rural ne fut aussi massif qu'en Auvergne. Le commerce du charbon était un débouché sûr, car tous ces ouvriers pauvres venus des quatre coins de France avaient besoin de se chauffer. L'esprit d'entreprise ou le sens du commerce des Auvergnats se manifesta dans le fait qu'ils surent reconnaître assez vite que pour oublier un peu leur misère ces

zogen von einer Tasse sahniger Schokolade: «Sie umgriff mit ihren acht Beinen den Rand der Tasse, neigte sich mit dem Kopf nach vorn und trank nach Herzenslust.»

Zu keiner Zeit ihres Lebens hat Colette ihre provinzielle Herkunft verleugnet. «Trotz der englischen Stühle mit ihren ungastlichen Rückenlehnen (...) ist das lange Eßzimmer provinziell geblieben, Gott sei Dank, ein wenig düster und ernst: mit einem einzigen Fenster und vielen Schränken für die Süßweine, die Näschereien, die Konfitüren...» Colettes Provinz war stets eine Provinz des guten Trinkens, des guten Essens, war stets Burgund.

Markt in der Auvergne

Es ist noch gar nicht so lange her, daß die Pariser zum «bougnat» gingen, um sich mit Heizmaterial einzudecken, Kohle für den Leib, Wein für die Seele. Die «Wein-und-Kohle»-Läden waren fast so zahlreich wie Lebensmittelgeschäfte oder Bäckereien. «Bougnat» ist ein Kürzel für «charbougna», und dieses Wort ist eine freundliche Nachahmung des Wortes «charbonnier», Kohlenhändler, in der Sprache der Auvergne.

Die Leute der Auvergne sind bekannt dafür, daß sie gerissene Geschäftsleute sind. Waren es wohl die gerissensten unter ihnen, die im Laufe des 19. Jahrhunderts nach Paris «hinauf» gingen, um dort geradezu ein Monopol für den Wein- und Kohlenhandel einzurichten? Vielleicht waren es einfach die mutigsten von denen, die die Armut zwang, die Heimat zu verlassen. In keiner anderen Region Frankreichs war die Landflucht so groß wie in der Auvergne.

Der Kohlenhandel war ein sicherer Absatzmarkt, denn all die armen Industriearbeiter, die aus allen Gegenden Frankreichs in die Stadt kamen, mußten sich irgendwie wärmen. Der Unternehmungsgeist oder der Geschäftssinn der Auvergnats zeigten sich darin, daß sie ziemlich früh erkannten, daß diese

gens avaient besoin aussi d'un peu de vin pour se chauffer le cœur.

Ce sens du commerce, les Auvergnats l'avaient acquis à l'école des foires. L'Auvergne a toujours été un pays d'élevage, et qui dit élevage dit marchands de bestiaux. Aujourd'hui encore les villes d'Auvergne, même les plus petites, sont fières de leurs foires si pittoresques. Pour les Auvergnats, acheter et vendre à une foire est un jeu, un sport – c'est à qui «blousera» le mieux l'autre. «En foire, ce n'est pas un péché de tromper sa propre mère», disent-ils.

Un jour, à la foire de Saint-Flour, un maquignon examine un cheval qu'une pauvre femme à l'allure plutôt craintive propose à la vente. «Je vous préviens, dit-elle, ce cheval boîte. Je ne veux pas d'histoires, alors je préfère vous le dire tout de suite.» Le marchand remarque que la bête a un caillou pris sous un fer mais se garde bien d'en souffler mot. Décidément, les femmes sont stupides, il aura vite fait de guérir l'animal! Il achète sans marchander. Très vite, la femme va rejoindre son mari, qui a observé la scène de loin, et ils s'empressent de quitter la foire. Le caillou, ils venaient de le mettre sous le pied du cheval. Ce dernier boîtait depuis des mois.

Les canuts de Lyon

Dans la seconde moitié du XVe siècle Louis XI favorisa le développement de la ville de Lyon en y implantant entre autres l'industrie de la soie (1467). Tous les monarques qui lui succédèrent encouragèrent fortement cette activité de haut prestige, et Henri IV alla même jusqu'à faire planter à Paris, au jardin des Tuileries, 20000 mûriers pour l'élevage du ver à soie. En 1599 l'importation de soieries

Leute, um ihr Elend ein wenig zu vergessen, auch etwas Wein brauchten.

Ihren Geschäftssinn hatten sie sich in der Schule der Jahrmärkte angeeignet. Die Auvergne war stets ein Land der Viehzucht, und wo es Viehzucht gibt, gibt es auch Viehhändler. Heute noch sind die Städte der Auvergne, auch die kleinsten, stolz auf ihre Jahrmärkte. Für die Menschen, die dort wohnen, ist das Kaufen und Verkaufen auf einem Markt ein Spiel, ein Sport – es geht darum, wer den anderen am kräftigsten übers Ohr hauen wird. «Auf dem Markt ist es nicht einmal Sünde, die eigene Mutter zu betrügen», sagen sie.

Eines Tages untersuchte auf dem Viehmarkt von Saint-Flour ein Pferdehändler ein Pferd, das eine arme, ziemlich ängstlich dreinschauende Frau zum Verkauf anbot. «Ich warne Sie», sagte sie, «dieses Pferd hinkt. Ich will keine Schwierigkeiten, ich sag es lieber gleich.» Der Pferdehändler bemerkt, daß das Tier einen Stein unter dem Huf hat, sagt aber keinen Ton. Frauen sind einfach dumm, es wird nicht lange dauern, bis das Tier wieder gesund ist! Er kauft, ohne zu handeln. Eilends kehrt die Frau zu ihrem Mann zurück, der die Szene von weitem beobachtet hat, und beide verlassen Hals über Kopf den Marktplatz. Den Stein hatten sie dem Pferd kurz zuvor unter den Fuß geklemmt. Es hinkte aber schon seit Monaten.

Die Seidenweber von Lyon

In der zweiten Hälfte des 15. Jahrhunderts förderte König Ludwig XI. die Entwicklung der Stadt Lyon, indem er dort unter anderem die Seidenindustrie einführte (1467). Alle Könige, die ihm nachfolgten, unterstützten mit Nachdruck dieses hochansehnliche Gewerbe,

und Heinrich IV. ließ sogar zur Seidenraupenzucht 20000 Maulbeerbäume in den Gärten der Tuilerien pflanzen. 1599 wurde die Einfuhr aus-

étrangères fut interdite. Cette mesure protectionniste avant l'heure permit un essor prodigieux de la soierie lyonnaise au cours du XVIIe siècle: avec la consolidation de la monarchie absolue, grande consommatrice de produits de luxe, elle acquit une réputation mondiale.

L'industrie de la soie était à son apogée depuis longtemps lorsqu'au début du XIXe siècle le mécanicien Lyonnais Joseph Marie Jacquard substitua au vieux métier à tisser – un attirail de cordages et de pédales nécessitant le concours de plusieurs ouvriers – un mécanisme à la fois simple et ingénieux au moyen duquel un seul ouvrier pouvait exécuter des étoffes de soie d'un dessin très compliqué.

Il est aisé d'imaginer les conséquences d'une telle invention. Lyon comptait à l'époque environ 20 000 métiers à tisser. Sur les nouveaux métiers, trois ouvriers et deux ouvrières étaient en surnombre … Malgré les révoltes de ceux qui se sentaient menacés, Jacquard triompha de tous les obstacles et dès 1812 un grand nombre de métiers à tisser perfectionnés portant son nom étaient en activité.

En 1831, plus de 40 000 ouvriers lyonnais travaillaient dans l'industrie de la soie. C'est à cette époque que l'on se mit à les appeler, non sans un certain mépris, les «canuts». (Ce sobriquet se rattache probablement à la «canette», la bobine qui reçoit le fil de la trame). Les quelque dix-mille chefs d'ateliers propriétaires de métiers à tisser étaient des employeurs rapaces: les ouviers devaient leur céder la moitié de leurs gains en échange de l'usage de l'instrument de travail. A l'échelon supérieur dans la hiérarchie se trouvaient les fabricants, au nombre de 800 environ à cette époque; ce sont eux qui distribuaient les commandes. Mais ils étaient à leur tour dépendants des commissionnaires qui leur fournissaient la matière première et dont on sait qu'ils étaient de véritables sangsues. Les principales

ländischer Seidenwaren verboten. Diese frühe protektionistische Maßnahme hatte zur Folge, daß die Lyoner Seidenindustrie im 17. Jahrhundert einen ungeheuren Aufschwung nahm: Mit der Festigung der absoluten Monarchie, die einen großen Bedarf an Luxusprodukten hatte, errang sie Weltruhm.

Die Seidenindustrie hatte ihren Höhepunkt längst erreicht, als zu Beginn des 19. Jahrhunderts der aus Lyon stammende Mechaniker Joseph Marie Jacquard den alten Webstuhl – ein kompliziertes Gebilde aus Seilen und Pedalen, das von mehreren Arbeitern bedient werden mußte – durch ein ebenso einfaches wie geniales Gerät ersetzte, auf dem ein einziger Arbeiter sehr kompliziert gemusterte Seidenstoffe weben konnte.

Man kann sich die Folgen einer solchen Erfindung vorstellen. In Lyon gab es damals etwa 20 000 Webstühle. An jedem neuen Webstuhl wurden drei Arbeiter und zwei Arbeiterinnen überflüssig . . . Trotz der Auflehnung derer, die sich bedroht fühlten, setzte Jacquard sich auf der ganzen Linie durch, und bereits 1812 war eine große Zahl der neuartigen Webstühle in Betrieb, die fortan seinen Namen trugen.

1831 waren in Lyon mehr als 40 000 Arbeiter in der Seidenindustrie beschäftigt. Damals begann man, sie mit einer gewissen Herablassung «canuts» zu nennen. (Dieser Spitzname steht wahrscheinlich in Verbindung mit dem Begriff «canette», die Schußspule).

Etwa 10 000 Vorarbeiter und Webstuhlbesitzer waren recht habgierige Arbeitgeber: Die Arbeiter mußten ihnen für die Nutzung des Webstuhls die Hälfte ihres Lohnes abtreten.

Auf der nächsten Stufe in der Hierarchie gab es die Fabrikanten, etwa 800 an der Zahl zu diesem Zeitpunkt; sie waren es, die die Aufträge verteilten. Aber sie waren ihrerseits abhängig von den Kommissionären, die ihnen das Rohmaterial lieferten und von denen man weiß, daß sie die von ihnen Abhängigen regelrecht schröpften. Die Hauptopfer des Systems waren jedoch

victimes du système furent les canuts. Le nombre de fabricants augmentant, ils se faisaient une concurrence acharnée entre eux. Les salaires qui, à l'époque de la prospérité, étaient de quatre à cinq francs se dégradèrent pour tomber au-dessous de 25 sous – pour un travail de 17 à 18 heures par jour.

Des mouvements de protestation se firent jour. En octobre 1831 les canuts obtinrent avec l'appui du tribunal des prud'hommes, de la chambre de commerce et du préfet du Rhône un tarif minimal qui fut signé par les représentants des ouvriers et des maîtres-fabricants. Cependant une partie des patrons refusèrent d'appliquer le tarif et des révoltes sanglantes éclatèrent en novembre. Les canuts brandirent le drapeau noir sur lequel ils avaient inscrit leur devise: «Vivre en travaillant ou mourir en combattant». L'insurrection ne dura que quelques jours. Les canuts furent désarmés, le préfet destitué... et le tarif minimal ne fut jamais appliqué.

C'est à propos des canuts de Lyon que le Président du Conseil Casimir-Périer déclara: «Il faut que les ouvriers sachent bien qu'il n'y a de remèdes pour eux que la patience et la résignation.» Faut-il s'étonner que le métier de canut ait aujourd'hui pratiquement disparu, à Lyon et dans toute la France?

Ramoneurs et marmottes

«La Savoie est le point géographique où la France touche le ciel.» C'est une bien jolie définition pour un pays au relief alpin d'une beauté pathétique (avec ses 4808 mètres, le Mont-Blanc est tout de même le sommet le plus élevé d'Europe), mais au climat extrêmement rude et aux conditions de vie difficiles.

La Savoie ne fait partie de la France que depuis un peu plus d'un siècle: Napoléon III l'avait pour ainsi dire reçue en cadeau de Cavour en même

die Kleinsten, die Canuts. Da die Zahl der Fabrikanten wuchs, machten sie sich gegenseitig erbitterte Konkurrenz. Der Lohn der Seidenweber, der zu Zeiten der Hochkonjunktur vier bis fünf Francs betragen hatte, verschlechterte sich und fiel unter 25 Sous – für eine Arbeit von 17 bis 18 Stunden am Tag.

Protestbewegungen entstanden. Im Oktober 1831 setzten die Seidenweber mit Hilfe des Arbeitsgerichts, der Handelskammer und des Präfekten des Départements Rhône einen Vertrag über tarifliche Mindestlöhne durch, der von den Vertretern der Arbeiter und der Fabrikanten unterzeichnet wurde. Ein Teil der Arbeitgeber weigerte sich jedoch, die vereinbarten Mindestlöhne zu zahlen, und im November kam es zu blutigen Auseinandersetzungen. Die Canuts gingen auf die Straße mit schwarzen Fahnen, auf denen stand: «Leben mit Arbeit oder sterben im Kampf!» Der Aufstand dauerte nur wenige Tage. Die Seidenweber wurden entwaffnet, der Präfekt abgesetzt – und der Tarifvertrag nie eingehalten.

Im Blick auf die Canuts von Lyon erklärte Casimir-Perier, damals Ratspräsident in Paris: «Die Arbeiter müssen wissen, daß ihre einzigen Mittel Geduld und Resignation sind.» Muß man sich wundern, daß es den Beruf des Seidenwebers heute in Lyon, und überhaupt in Frankreich, so gut wie nicht mehr gibt?

Kaminkehrer und Murmeltiere

«Savoyen ist der geographische Punkt, wo Frankreich den Himmel berührt». Eine sehr hübsche Definition für eine Gegend, deren Gipfellinie von erhabener Schönheit ist (und immerhin ist der Mont-Blanc mit seinen 4808 Metern der höchste Berg Europas), deren Klima aber äußerst rauh und deren Lebensbedingungen hart sind.

Savoyen gehört erst seit etwas mehr als hundert Jahren zu Frankreich: Napoleon III. hat diese Provinz, gleichzeitig mit der Grafschaft Nizza, von Cavour als Geschenk erhalten,

temps que le Comté de Nice en échange de l'alliance française qui allait permettre à l'Italie d'annexer le royaume lombard-vénitien.

Ce que la Savoie a apporté à la France? L'alpinisme et les sports d'hiver. Quelques merveilleux fromages: le reblochon, le vacherin, le palendru, les tommes. Les liqueurs vertes et jaunes de la Grande Chartreuse. Et puis, bien avant l'annexion: les ramoneurs, les colporteurs, les montreurs de lanterne magique et les montreurs de marmottes.

Si les conditions de vie étaient rudes dans les hautes vallées savoyardes, elles étaient carrément insupportables l'hiver, avant l'invention des sports d'hiver et du chauffage central... Pour survivre, les Savoyards descendaient de leurs montagnes d'octobre à mars et tentaient de gagner leur vie dans les villes.

L'un des métiers qu'ils exerçaient souvent, celui de montreur de marmottes, a complètement disparu aujourd'hui, mais il a laissé une trace dans la langue française: probablement par association à la boîte dans laquelle les montreurs de marmottes transportaient leur animal, on appelle les valises d'échantillons que transportent les représentants des «marmottes». C'est l'auteur dramatique allemand Christian Dietrich Grabbe qui a érigé le plus joli monument aux montreurs de marmottes savoyards dans sa pièce «Napoléon ou les cent jours».

Mais l'hiver, un nombre bien plus important de Savoyards se faisaient ramoneurs. Ils parcouraient les villes en proposant leurs services. Pour le gros du travail, ils se contentaient d'un fagot attaché à une corde qu'ils faisaient glisser dans les conduits. Mais souvent leurs enfants grimpaient dans les cheminées pour y gratter la suie.

Ce métier ne leur permettait pas toujours de vivre. Quand le travail manquait, les Savoyards colportaient par les rues de petits objets de cristal

als Gegengeschenk für ein Bündnis, durch das Italien in die Lage versetzt wurde, sich das lombardisch-venetianische Reich einzuverleiben.

Was Savoyen Frankreich gebracht hat? Den Alpinismus und den Wintersport. Ein paar wunderbare Käsesorten: den Reblochon, den Vacherin, den Palendru, den Tomme. Die grünen und gelben Liköre der Grande Chartreuse. Und dann noch, schon lange vor der Eingliederung: die Kaminkehrer, die Hausierer, die Laterna-magica-Zauberer und die Murmeltierführer.

Die Lebensbedingungen in den savoyischen Hochtälern waren überhaupt hart, aber im Winter waren sie regelrecht unerträglich – vor der Erfindung des Wintersports und der Zentralheizung... Um zu überleben, stiegen die Savoyarden für die Zeit von Oktober bis März von ihren Bergen herab und versuchten ihren Lebensunterhalt in den Städten zu verdienen.

Einer der Berufe, die sie häufig ausübten, war der, auf Jahrmärkten zahme Murmeltiere vorzuführen. Er ist heute völlig verschwunden, hat aber eine Spur in der französischen Sprache hinterlassen: Vermutlich wegen der Ähnlichkeit mit den Schachteln, in denen die Savoyarden ihre Murmeltiere transportierten, nennt man die Musterkoffer der Handelsreisenden «Marmottes», Murmeltiere.

Es war der deutsche Dramatiker Christian Dietrich Grabbe, der diesem Beruf das hübscheste Denkmal gesetzt hat: in seinem Stück «Napoleon oder die hundert Tage».

Eine viel größere Anzahl Savoyarden verdingten sich jedoch im Winter als Kaminkehrer. Sie zogen durch die Städte und boten ihre Dienste an. Ein Reisigbündel, das an einem Seil festgemacht war und durch die Kaminschächte gezogen wurde, war ihr einziges Werkzeug für die grobe Arbeit. Aber oft ließen sie außerdem ihre Kinder in die Kamine klettern und den Ruß abkratzen.

Dieser Beruf genügte nicht immer zum Leben. Wenn es keine Arbeit gab, gingen die Savoyarden als Hausierer durch die Gassen und verkauften kleine Gegenstände aus geschlif-

taillé, d'orfèvrerie ou de quincaillerie. Cela leur attirait les foudres des merciers, qui avaient le monopole de ce commerce. Dans une ordonnance royale datant de la fin de son règne, Louis XIV dut prendre leur défense. Afin de les protéger, il annonça, non sans attendrissement: «Les pauvres ramoneurs de cheminées Nous ont très humblement fait remontrer qu'étant les seuls de Notre royaume qui fassent ce métier, lequel ne leur suffit pas pour vivre, ils se sont appliqués de tous temps à porter et vendre du cristal taillé, de la quincaillerie et autres marchandises mêlées... Le Roi ordonne qu'ils pourront continuer leur petit commerce et que nul ne devra désormais en troubler l'exercice.»

La fin de l'aristocratie du bouchon?

Dans le Bordelais, la xénophobie prend moins pour cible les ouvriers immigrés des pays du Maghreb, comme c'est le cas dans d'autres régions de France, que les envahisseurs japonais. Pourtant, on ne découvrira dans les rues de Bordeaux, ou d'autres villes d'Aquitaine, ni plus ni moins de touristes japonais armés d'appareils photos qu'à Paris, Nice, Rothenburg ob der Tauber ou Heidelberg. Ils ne s'attardent pas, ils ne marquent pas le visage de la ville. On ne peut pas dire qu'ils soient vraiment gênants.

Non, ce sont les propriétaires de domaines viticoles qui se lamentent à cause des méchants Japonais. Ils se considèrent comme voués à la ruine. Tels des barbares, des Japonais invisibles roulant sur l'or rôtissent le pays et rachètent tous les domaines viticoles susceptibles d'être rachetés. Bien des châteaux aux noms évocateurs sont d'ores et déjà entre leurs mains. Songez donc au très prestigieux château Lagrange! Ils y ont investi 200 millions de francs français, les Japonais! Voilà qui est grave.

fenem Kristall, kleine Goldschmiedearbeiten oder Eisenwaren. Darüber wurden die Gemischtwarenhändler zornig, die das Monopol für den Handel mit diesen Gegenständen innehatten. Gegen Ende seiner Herrschaft mußte Ludwig XIV. eine königliche Verfügung erlassen, um die Savoyarden in Schutz zu nehmen. Nicht ohne Rührung erklärte er: «Die armen Kaminkehrer haben uns in aller Demut nachgewiesen, daß sie – die einzigen in unserem Reich, welche diesen Beruf ausübten, von dem man nicht leben kann – sich schon seit jeher bemüht haben, geschliffene Kristall-, Eisen- und andere Waren anzubieten und zu verkaufen. (...) Der König verfügt, daß sie ihren kleinen Handel fortsetzen dürfen und keiner fortan das Recht hat, sie daran zu hindern.»

Das Ende der Korkenaristokratie?

Anders als in anderen Regionen Frankreichs richtet sich im Bordelais der Ausländerhaß nicht so sehr gegen die Gastarbeiter aus den maghrebinischen Ländern als vielmehr gegen die japanischen Eroberer. Man wird zwar in den Straßen von Bordeaux und den anderen Städten Aquitaniens nicht mehr und nicht weniger kamera-bewaffnete japanische Touristen bemerken als in Paris, Nizza, Rothenburg ob der Tauber oder Heidelberg. Man wird sie schnell wieder aus den Augen verlieren, sie prägen das Stadtbild nicht: Sie stören nicht weiter...

Nein, das Klagelied über die bösen Japaner wird bei den französischen Weingutsbesitzern angestimmt. Sie verstehen sich als dem Untergang Geweihte. Warum? Wie die Barbaren ziehen, so wehklagen sie, unsichtbare schwerreiche Japaner durch die Lande und kaufen auf, was es an Weingütern zu kaufen gibt. Etliche Châteaux mit wohlklingenden Namen sind bereits fest in japanischer Hand. Man denke nur an das so hoch angesehene Château Lagrange. 200 französische Millionen haben da die Japaner auf den Tisch gelegt. Schlimm.

Mais le plus grand malfaiteur, le véritable ennemi des pauvres viticulteurs français, c'est bien sûr – comment en serait-il autrement – l'Etat français, qui ne fait rien, absolument rien, pour protéger et sauvegarder le patrimoine culturel français. Un château du Bordelais et le vin que l'on y produit n'en représentent-ils pas une part essentielle? Or pas un fils de viticulteur bordelais n'a les moyens financiers d'entrer en possession de son héritage. Selon eux, les droits de succession seraient tels qu'aucun citoyen français convenable ne pourrait y faire face sans s'endetter jusqu'au cou.

Un domaine à léguer est depuis toujours soumis à expertise et c'est le fisc qui procède à l'évaluation. Or les critères qu'il applique sont depuis quelques temps les prix que les méchants Japonais sont prêts à payer pour un tel château.

Pauvres héritiers! C'est une situation désespérée. Amateurs du vin du monde entier, unissez-vous pour juguler le péril jaune! Serrez les rangs pour sauver l'aristocratie française du bouchon!

La porcelaine royale

A la fin du règne de Louis XV, la ville de Limoges connut une époque particulièrement faste. Elle eut la chance de se voir déléguer, de 1761 à 1774, un intendant remarquable. Anne Robert Turgot, baron de l'Aulne, était non seulement l'ami des philosophes, il avait personnellement collaboré à la rédaction de l'Encyclopédie de Diderot et publié en 1754 une célèbre *Lettre sur la tolérance*. Turgot est considéré à juste titre comme l'un des grands protagonistes du siècle des Lumières. (En 1774 il fut appelé par Louis XVI au Contrôle Général des Finances. Sa politique de restrictions peut aujourd'hui encore être considérée comme exemplaire,

Aber der größte Übeltäter, der eigentliche Feind der guten französischen Weingutsbesitzer ist – wie sollte es anders sein – der französische Staat, der nichts, aber auch gar nichts unternimmt, um französisches Kulturgut zu schützen und zu retten.

Schließlich zählt ein Château des Bordelais und der darin produzierte Wein doch ganz wesentlich dazu! Kein Sohn eines Winzers im Bordelais könne es sich noch leisten, die Erbschaft anzutreten: Die Erbschaftssteuer sei so horrend, daß kein anständiger französischer Bürger sie bezahlen könne, ohne sich bis an sein Lebensende zu verschulden.

Ein Weingut, das vererbt werden soll, wird seit eh und je von der Finanzbehörde geschätzt. Aber neuerdings ist der Anhaltspunkt für derartige Schätzungen der Preis, den die bösen Japaner für ein solches Weingut zu zahlen bereit sind.

Arme Château-Erben! Ein hoffnungsloser Fall. Weinliebhaber aller Länder, vereinigt euch, um der Gelben Gefahr Einhalt zu gebieten! Verbündet euch, um die französische Korkenaristokratie zu retten!

Königliches Porzellan

Gegen Ende der Herrschaft Ludwigs XV. erlebte die Stadt Limoges eine Blütezeit. Sie hatte das Glück, von 1761 bis 1774 einen bemerkenswerten Intendanten – einen königlichen Gouverneur – zu haben: Anne Robert Turgot, Baron de l'Aulne, war nicht nur ein Freund der Philosophen, er hatte auch selber an der Redaktion der Diderot'schen Enzyklopädie mitgearbeitet und 1754 einen berühmten *Brief über die Toleranz* veröffentlicht.

Turgot wird zu Recht als einer der großen Wortführer des «Jahrhunderts der Erleuchtung», der französischen Aufklärung, betrachtet. (1774 wurde Turgot von Ludwig XVI. zum Finanzminister berufen. Seine drastische Sparpolitik kann heute noch als vorbild-

même si elle ne l'a pas rendu populaire. L'hostilité des privilégiés l'obligea à abandonner son ministère en 1776).

Arrivé à Limoges, il entreprit non seulement d'embellir la ville, mais aussi de la rendre plus accessible en faisant construire des routes. Il introduisit en Limousin, outre la pomme de terre, le mérinos, il implanta l'industrie textile et fonda une école vétérinaire. Et surtout: lorsqu'en 1768 on découvrit à Saint-Yrieix près de Limoges des gisements de kaolin, il se chargea de les faire exploiter. Dès 1769 Louis XV en acheta la concession, et la fabrication de la porcelaine blanche commença en 1772. Cette porcelaine dure fut appelée la «porcelaine royale», par opposition à la porcelaine tendre dite «porcelaine de France».

L'engouement pour la porcelaine n'avait cessé de croître en France – et ailleurs en Europe – depuis que la Compagnie Française des Indes, fondée en 1604, s'était mise à en importer d'Orient. Il atteignit son apogée vers la fin du XVIIIe siècle. La plupart des manufactures créées en France à partir de 1725 (après la découverte des premiers gisements de kaolin près d'Alençon) ont aujourd'hui disparu. Limoges reste la capitale française de la porcelaine.

C'est d'ailleurs à Limoges que naquit en 1841 Auguste Renoir. Son père s'installa comme tailleur à Paris, mais la famille resta apparemment fidèle aux traditions limousines: à treize ans, Renoir entra comme «apprenti décorateur sur porcelaine» dans un atelier parisien. Cependant, il commença à gagner sa vie comme peintre sur éventails, avant de devenir l'artiste dont les tableaux de femmes, de jeunes filles, de jardins et de fleurs nous font croire que la fin du XIXe siècle a peut-être tout de même été, aussi, une époque de félicité.

lich gelten, aber er hat sich damit nicht beliebt gemacht. Die Feindseligkeit der Privilegierten zwang ihn bereits 1776 zum Rücktritt.)

Als er in Limoges ankam, nahm er sich nicht nur vor, die Stadt zu verschönern, sondern auch, sie besser zugänglich zu machen, indem er Straßen baute. Er führte im Limousin neben der Kartoffel auch das Merinoschaf ein, er siedelte die Textilindustrie an und gründete eine Hochschule für Veterinärmedizin.

Vor allem aber: Als 1768 in Saint-Yrieix bei Limoges Kaolin-Vorkommen entdeckt wurden, kümmerte er sich um deren Nutzung. 1769 kaufte Ludwig XV. die Konzession, und die Herstellung von weißem Porzellan begann 1772. Dieses harte Porzellan wurde «königliches Porzellan» genannt, im Gegensatz zum weicheren «Porcelaine de France».

Die Begeisterung für Porzellan war in Frankreich – und anderswo in Europa – stetig gewachsen, seit die 1604 gegründete französische Indienkompanie Porzellan aus dem Fernen Osten nach Frankreich importierte und vertrieb. Die Begeisterung erreichte ihren Höhepunkt gegen Ende des 18. Jahrhunderts. Die meisten ab 1725 (nach der Entdeckung der ersten Kaolin-Vorkommen bei Alençon) in Frankreich entstandenen Manufakturen sind inzwischen verschwunden. Limoges ist bis heute das Zentrum der französischen Porzellanindustrie geblieben.

In Limoges wurde übrigens 1841 Auguste Renoir geboren. Sein Vater ließ sich als Schneider in Paris nieder, aber offenbar blieb die Familie den Traditionen des Limousin treu, denn mit dreizehn Jahren wurde Renoir Lehrling der Porzellanmalerei in einer Pariser Werkstatt. Seinen Lebensunterhalt begann er dann allerdings als Fächermaler zu verdienen, ehe er der Künstler wurde, dessen Frauen- und Mädchen-, Garten- und Blumenbilder uns glauben machen, daß das späte 19. Jahrhundert doch – auch – ein Zeitalter der Glückseligkeit gewesen sein muß.

Il était une fois une petite cité paisible située dans la jolie vallée du Gave, au pied des Pyrénées. Jusqu'en 1858, le château des Comtes de Bigorre – une imposante bâtisse dont les origines remontent au 12e siècle – était l'attrait principal de l'endroit. Aujourd'hui le château-fort abrite le musée pyrénéen, et le visiteur doué d'un peu d'imagination se laisse prendre au charme et transplanter dans le passé.

Mais en 1858 cette petite ville fut le théâtre d'événements inouïs. La Vierge Marie apparut à une filette de quatorze ans qui gardait des moutons dans les prés communaux, et celle-ci devint, en un temps record, la vedette de Lourdes – car c'est de Lourdes qu'il est question ici. Sur les prés verdoyants qui avaient été les pâturages de la bergère, s'installèrent des hôtels, des restaurants, des boutiques et des églises.

Aujourd'hui, cinq à dix millions de pèlerins viennent à Lourdes tous les ans. Quand la saison bat son plein, entre avril et octobre, la ville héberge jusqu'à 25 000 personnes par jour. Les loger et les nourrir suppose le fonctionnement parfait d'une technique du tourisme sans faille.

Lourdes est devenue le plus grand centre de pèlerinage au monde, mais également un gigantesque centre de distribution de l'industrie parareligieuse. Les visions de Bernadette ont eu pour conséquences non seulement l'architecture en pain de sucre de la Basilique de l'Immaculée Conception, mais aussi des bondieuseries en tous genres – madones en plâtre, en plastique, équipées d'une petite ampoule électrique qui les fait rayonner de l'intérieur, et j'en passe. Elles sont vendues dans les centaines de kiosques à souvenirs qui font de Lourdes un bazar tentaculaire, un cauchemar kitsch.

Beaucoup de pèlerins souffrant du corps ou de

Wundersame Heilungen

Es war einmal ein ruhiges Städtchen im anmutigen Gave-Tal am Fuße der Pyrenäen. Bis 1858 war das Schloß der Grafen von Bigorre – ein mächtiges Gebäude, dessen Ursprünge bis in das 12. Jahrhundert zurückreichen – die wichtigste Sehenswürdigkeit des Ortes. Heute beherbergt die Burg das Pyrenäen-Museum, und ein phantasiebegabter Besucher kann sich vom Zauber der Stätte erfassen und in die Vergangenheit zurückversetzen lassen.

Aber im Jahre 1858 wurde die kleine Stadt zum Schauplatz einer unerhörten Begebenheit. Da erschien die Jungfrau Maria einem vierzehnjährigen Mädchen, das auf der Gemeindewiese Schafe hütete, und dieses Mädchen wurde in kürzester Zeit zum Star von Lourdes – denn von Lourdes ist hier die Rede.

Auf den grünen Wiesen, die das Weidegebiet der kleinen Schäferin gewesen waren, entstanden Hotels, Restaurants, Läden und Kirchen.

Heute kommen alljährlich zwischen fünf und zehn Millionen Pilger nach Lourdes. In der Hochsaison, zwischen April und Oktober, beherbergt die Stadt bis zu 25 000 Menschen am Tag. Sie unterzubringen und zu ernähren setzt eine reibungslos funktionierende Technik des Fremdenverkehrs voraus.

Lourdes ist das größte Pilgerzentrum der Welt geworden, aber zugleich ein gewaltiges Vertriebszentrum der parareligiösen Industrie. Die Visionen der Bernadette haben nicht nur die Zuckerbäckerarchitektur der «Basilika der Unbefleckten Empfängnis» im Gefolge, sondern auch alle erdenklichen Devotionalien – Madonnen aus Gips, Madonnen aus Plastik, Madonnen, die mit kleinen elektrischen Birnen ausgestattet sind, die aus dem Inneren heraus leuchten, und vieles mehr.

Sie werden in unzähligen Souvenirkiosken verkauft, die Lourdes zu einem riesigen Bazar, zu einem Alptraum von Kitsch machen.

Viele Menschen, die an Leib oder Seele leiden, fragen

l'âme ne se posent pas de questions sur la valeur artistique – ou la non-valeur kitsch – de ce que l'on peut voir et acheter à Lourdes. Ils sont venus ici pour demander aide et assistance à la Vierge Marie par l'intercession de Sainte Bernadette. On dit que certains sont exaucés.

Un poète du Languedoc

L'origine du mot «Languedoc» n'est un secret pour personne. Il a été formé à partir d'une formule employée au XIIIe siècle pour désigner l'ensemble des terres où se parlait la langue d'oc – celles où «oui» se disait «oc» – par opposition à celles où se parlait la langue d'oïl – celles où «oui» se disait «oïl». Peu à peu les frontières du Languedoc devinrent plus précises et plus étroites, mais la région reste immense. Elle est limtée par le moitié occidentale de la Méditerranée française, la moitié orientale des Pyrénées, la Gascogne, la Guyenne, l'Auvergne et très nettement, à l'Est, par le cours inférieur du Rhône.

En venant d'Avignon, il suffit de traverser le nouveau pont qui remplace celui qui s'est écroulé parce qu'on y avait tant dansé, pour se retrouver dans un autre paysage, où ni les maisons, ni la langue, ni la cuisine ne sont celles de Provence. Si on longe alors un peu le Rhône en direction du sud, on arrive dans la petite ville de Beaucaire dont les foires étaient, paraît-il, célèbres dans le monde entier. (Dans son journal de voyage, Stendhal en parle très longuement.) On y venait de partout et on y vendait de tout. L'achat le plus extraordinaire y fut fait en 1830 par une jeune femme venue de Provence.

C'est Frédéric Mistral, *le* poète de la Provence, qui nous raconte l'histoire. Lorsqu'il était petit, il

nicht nach dem Kunstwert – oder Kitsch-Unwert – dessen, was in Lourdes zu sehen und zu kaufen ist. Sie sind hierher gekommen, um mittels Fürsprache der Heiligen Bernadette die Jungfrau Maria um Hilfe und Beistand zu bitten. Es heißt, manche werden erhört.

Ein Dichter des Languedoc

Der Ursprung des Wortes «Languedoc» ist für niemanden ein Geheimnis. Es kommt von einem Ausdruck, der im 13. Jahrhundert gebraucht wurde, um alle Gebiete zu kennzeichnen, in denen die «langue d'oc» gesprochen, das heißt: wo für «ja» «oc» gesagt wurde, im Gegensatz zu den Gegenden, wo die «langue d'oïl» gesprochen, das heißt: für «ja» «oïl» gesagt wurde. Allmählich wurden die geographischen Grenzen genauer – enger – abgesteckt, aber die Region ist bis heute sehr groß. Sie ist begrenzt durch die westliche Hälfte des französischen Mittelmeeres, die östliche Hälfte der Pyrenäen, die Gascogne, die Guyenne, die Auvergne und, besonders klar und deutlich, im Osten durch den unteren Lauf der Rhône.

Von Avignon kommend braucht man nur die neue Brücke zu überqueren (nicht die alte, die zusammengebrochen ist, weil man darauf so viel getanzt hat), und schon befindet man sich in einer anderen Landschaft, wo weder die Häuser noch die Sprache noch die Küche so sind wie in der Provence. Wenn man dann ein Stückchen rhôneabwärts weitergeht, gelangt man in die kleine Stadt Beaucaire, deren Jahrmärkte, so heißt es, in der ganzen Welt berühmt waren. (In seinen Reisetagebüchern berichtet Stendhal ausführlich davon.) Alle Welt kam hierher, und es gab dort schlechthin alles zu kaufen. Den außergewöhnlichsten Kauf tätigte 1830 eine junge Frau, die aus der Provence herübergekommen war.

Frédéric Mistral, «*der* Dichter der Provence», hat uns die Geschichte erzählt. Als kleiner Junge habe er seine Mutter

demanda un jour à sa mère où elle l'avait acheté, lui, Frédéric. Elle répondit:

«Nous allâmes te chercher à la foire de Beaucaire, à la baraque où l'on vendait des nouveaux-nés.

– Que voulez-vous, dit le marchand, un garçon ou une fille? Ouvrez les boîtes: les garçons sont à droite, les fillettes à gauche...

Et il y avait sur le tréteau deux rangées de boîtes ovales, en bois léger, comme celles où l'on vend des dattes, et nous en découvrîmes une douzaine. Dans chacune il y avait un petit. La plupart étaient endormis; comme j'entrouvris la boîte où tu étais:

– Oh! le joli blondin! nous écriâmes-nous; il faut prendre celui-là.

Et aussitôt pour te réveiller je te fis la chatouille (...) Tu t'éveillas en souriant, et nous t'emmenâmes à Maillane, dans ta jolie boîte de bois blanc que j'ai dans la garde-robe où je serre mes joyaux.»

L'auteur de *Mireille* n'était donc pas Provençal comme nous le croyons toujours. Cependant, il faut bien dire que le Languedoc, c'est la porte à côté, et mis à part la langue et les maisons et la cuisine, les différences ne sont finalement pas si grandes.

Les truffes de Provence

La ville de Carpentras est le siège d'une bien curieuse institution: l'Université Française de la Truffe. Pourquoi Carpentras? La truffe qu'il nous arrive de consommer en doses microscopiques dans les pâtés ou les sauces ne nous vient-elle pas du Périgord comme son nom l'indique? Eh bien, le plus souvent: non. La plus importante région de production de la truffe noire de qualité gastronomique – la *tuber melanosporum* – est bien la Provence, et plus particulièrement le département du Vaucluse.

Cependant, la production truffière a connu, en

gefragt, wo sie eigentlich ihn, Frédéric, gekauft habe. Sie habe geantwortet:

«Wir haben dich auf dem Jahrmarkt von Beaucaire gekauft, in der Bude, wo es Neugeborene gibt.

‹Was möchten Sie?› fragte der Verkäufer, ‹einen Jungen oder ein Mädchen? Machen Sie ruhig die Schachteln auf: Die Jungen sind rechts, die Mädchen links...›

In der Auslage gab es zwei Reihen ovaler Schachteln aus leichtem Holz, wie die, in denen Datteln verpackt sind, und wir öffneten etwa ein Dutzend. In jeder lag ein Säugling. Die meisten schliefen. Als ich die Schachtel aufmachte, in der du lagst, riefen wir:

‹Oh! das süße blonde Engelchen! Den nehmen wir.›

Ich kraulte dich ein wenig, um dich zu wecken. Du bist erwacht und hast gelächelt, und wir haben dich mitgenommen nach Maillane, in der hübschen Schachtel aus unbemaltem Holz, die in meinem Kleiderschrank steht und in der ich meinen Schmuck aufbewahre.»

Der Autor von *Mireille* war also gar kein Provençale, wie wir immer glauben. Allerdings, wie gesagt: Das Languedoc ist gleich um die Ecke, und abgesehen von der Sprache und den Häusern und der Küche sind die Unterschiede gar nicht so groß.

Die Trüffeln der Provence

Die Stadt Carpentras ist Sitz einer recht sonderbaren Institution: der französischen Trüffeluniversität. Warum gerade Carpentras? Kommt die Trüffel, die wir zuweilen in winzigen Dosen in Pasteten oder Saucen verspeisen, nicht aus dem Périgord, wie es ihr Name «Périgord-Trüffel» sagt? Meistens nicht.

Das Gebiet mit der größten Produktion an schwarzen Trüffeln von gastronomischer Qualität – tuber melanosporum – ist durchaus die Provence, genauer genommen das Département Vaucluse.

Nun ist jedoch, wie man weiß, die Trüffelproduktion, in der

Provence et partout ailleurs, une chute vertigineuse depuis le début du siècle, et cet effondrement a eu pour conséquence une explosion des prix tout aussi vertigineuse; en même temps, des commerçants peu soucieux d'honnêteté se sont mis à déployer une imagination échevelée pour fabriquer les succédanés les plus fantaisistes: la couenne de lard ou la carotte teintées au brou de noix n'en sont que les exemples les plus appétissants.

C'est pour se défendre contre toutes ces manœuvres susceptibles de nuire à la réputation de la truffe que des professionnels et des passionnés ont créé l'Université Française de la Truffe. Leur but était de transmettre un maximum de connaissances sur «le diamant de la cuisine», comme Brillat-Savarin se plaisait à l'appeler (1825). Très souvent, l'amateur ne dispose même pas des informations les plus élémentaires, par exemple sur la manière de ramasser – de «caver», diront les spécialistes – son champignon préféré. Non, ce ne sont pas des truies que les «rabassiés» promènent avec eux pour les aider à détecter la présence du diamant noir. Ce sont des chiens qui les secondent dans leur travail, parce que les chiens se dressent plus aisément et qu'il est plus facile de faire monter un chien plutôt qu'un cochon dans une voiture.

Si l'Université Française de la Truffe obtient les crédits nécessaires, elle sera aussi un lieu de recherche pour les scientifiques. Peut-être créera-t-on alors la première chaire de truffologie.

Les sujets de thèse de doctorat ne manqueraient pas. L'un d'entre eux pourrait être «le rôle de la truffe dans la littérature». Il y a par exemple l'histoire du réveillon de la Saint-Sylvestre 1663–64 au château de Grignan, au nord de la Provence. La châtelaine, Madame de Sévigné avait invité Molière, déjà célèbre à cette époque, à venir y passer les jours de fête. Au repas de fête étaient également conviés

Provence wie überall sonst, seit Anfang des Jahrhunderts in dramatischer Weise zurückgegangen, und dieser Zusammenbruch hat eine ebenso drastische Preiserhöhung zur Folge gehabt.

Zugleich haben ziemlich skrupellose Geschäftsleute eine phantastische Kreativität entwickelt und sich die abenteuerlichsten Ersatzprodukte ausgedacht: schwarz gebeizte Schweineschwarte oder Karotte wären noch die appetitlichsten Beispiele.

Um den Ruf der Trüffel gegen alle diese abträglichen Machenschaften hochzuhalten, haben Professionelle und Liebhaber die französische Trüffeluniversität gegründet. Sie hat sich vorgenommen, über den «Diamanten der Küche», wie Brillat-Savarin 1825 die Trüffel genannt hat, so viel Wissen wie möglich zu vermitteln.

Soundso oft verfügt ja der Trüffelliebhaber nicht einmal über die allereinfachsten Grundkenntnisse, zum Beispiel darüber, wie man den wertvollen Pilz ausgräbt oder, wie die Fachleute sagen, herauswühlt. Nein, es stimmt nicht, daß Trüffelsammler Schweine mit sich führen, die ihnen helfen sollen, den schwarzen Diamanten ausfindig zu machen.

Vielmehr sind es Hunde die ihnen bei ihrer Arbeit zur Hand gehen, weil Hunde leichter abzurichten sind und weil man einen Hund leichter in ein Auto verfrachten kann als ein Schwein.

Wenn die Trüffeluniversität genügend Subventionen erhält, soll sie auch eine Forschungsstätte für Wissenschaftler werden. Vielleicht wird dann der erste Lehrstuhl für Trüffologie eingerichtet.

Themen für Doktorarbeiten gäbe es reichlich. Eines wäre «Die Rolle der Trüffel in der Literatur». Da gibt es zum Beispiel die Geschichte vom Silvester-Festmahl 1663/64 im Schloß von Grignan im Norden der Provence.

Madame de Sévigné, die Schloßherrin, hatte den damals bereits berühmten Molière für die Feiertage zu Gast geladen. Zum Festessen waren noch andere Gäste gekommen, darunter ein

d'autres hôtes, parmi eux un haut prélat italien. Lorsque Madame de Sévigné fit servir un plat de truffes, ce dernier huma le parfum avec convoitise et dans son enthousiasme s'écria: «Tartufoli!» Le mot plut à Molière autant que le mets et il le nota discrètement sur sa carte de menu. Depuis des années il travaillait à «L'hypocrite», mais il n'avait toujours pas trouvé le nom qui convenait au personnage principal de sa pièce. «Tartufoli», avait dit le prélat. Le 12 mai de cette année-là, le *Tartuffe* put enfin être créé et suscita le scandale que l'on sait.

Le parfums: une image de marque de la France

Si la balance commerciale de la France est traditionnellement déficitaire, il est cependant un domaine pour lequel ce pays est imbattable en matière d'exportations: celui des produits de luxe. La haute-couture et le prêt-à-porter des grands couturiers, les accessoires de mode, les spiritueux et les vins -- le champagne en particulier – ainsi que les parfums sont à la pointe sur le marché mondial. Par ailleurs ils sont ce que les étrangers assimilent le plus souvent à l'image de la France.

Or la plupart des parfums français sont fabriqués à Grasse, en Provence. L'industrie du parfum, dans cette ville, remonte à la fin du XVIe siècle. Les cultures florales intensives furent introduites au milieu du XIXe siècle et c'est en 1873 que l'on commença l'extraction du parfum de jasmin. Dans les années 50, on traitait à Grasse 1,8 million de tonnes de fleurs d'oranger, 1,5 million de tonnes de roses et 1,3 million de tonnes de jasmin par an.

Pour des raisons de conjoncture, la production florale a diminué ces dernières décennies, mais il reste à Grasse une vingtaine d'usines et quantité d'ateliers de fabrication artisanale de parfum.

hoher italienischer Prälat. Als Madame de Sévigné ein Trüffelgericht servieren ließ, atmete dieser lustvoll den Duft ein und rief begeistert: «Tartufoli!» Das Wort gefiel Molière ebenso wie die Speise selbst, und er notierte es diskret auf seine Menükarte. Schon seit Jahren arbeitete er an seinem «Heuchler», aber noch immer war ihm nicht der richtige Name eingefallen für die Hauptfigur des Stückes. «Tartufoli», hatte der Prälat gesagt. Am 12. Mai desselben Jahres konnte endlich der *Tartuffe* uraufgeführt werden und bewirkte alsbald den Skandal, den man kennt.

Parfüm: ein französischer Inbegriff

Wenn die französische Handelsbilanz auch regelmäßig Defizite aufweist, so gibt es doch einen Bereich im Export, in dem dieses Land unschlagbar ist: es sind die Luxusprodukte. Die Haute-Couture und die Konfektion der großen Couturiers, die Mode-Accessoires, die Spirituosen und die Weine – allen voran der Champagner – und schließlich die Parfüms sind seit jeher Marktführer auf der Welt. Sie sind übrigens auch das, was man im Ausland meist mit dem Bild Frankreichs verbindet.

Die Mehrzahl der französischen Parfüms wird in Grasse in der Provence hergestellt. Die Parfümindustrie in dieser Stadt geht auf das Ende des 16. Jahrhunderts zurück. Aber der intensive Anbau von Blumen wurde erst in der Mitte des 19. Jahrhunderts eingeführt. 1873 begann man, den Duftstoff des Jasmins zu gewinnen. In den fünfziger Jahren wurden in Grasse 1,8 Millionen Tonnen Orangen-, 1,5 Millionen Tonnen Rosen- und 1,3 Millionen Tonnen Jasminblüten zu Parfüm verarbeitet.

Aus Gründen der Konjunktur hat die Blumenkultur in den letzten Jahrzehnten eher abgenommen. Dennoch gibt es in Grasse noch etwa zwanzig Parfümfabriken und unzählige kleine handwerkliche Betriebe, die in irgendeiner Form mit Parfüm zu tun haben.

Il faut cependant distinguer deux espèces de parfums: les parfums naturels et les parfums synthétiques. Les parfums de synthèse proviennent soit de produits chimiques extraits du goudron, soit d'une transformation chimique effectuée sur certains extraits d'essences naturelles. L'industrie du parfum synthétique a pris naissance au XIXe siècle. La première usine fut implantée en 1876 non pas à Grasse, mais à... Paris.

Les parfums naturels, quant à eux, sont soit d'origine végétale – des huiles essentielles extraites le plus souvent par distillation – soit d'origine animale (l'ambre, le musc et la civette).

Grasse est la capitale du parfum, plus précisément le centre de production des parfums naturels d'origine végétale. Mais les plateaux de Provence apportent une contribution décisive à ce secteur de la production, puisqu'on y distille un peu partout la lavande.

Les parfums dont nous nous servons pour notre toilette sont généralement constitués d'un mélange d'essences de fleurs, de substances aromatiques animales et, très souvent, de parfums de synthèse. Chaque parfum est donc un amalgame savant de substances diverses, dont la formule de composition est tenue rigoureusement secrète par le producteur.

Pour nous plonger dans le monde mystérieux de cette alchimie sensuelle, mieux vaut peut-être relire les aventures de Grenouille, le merveilleux anti-héros de Patrick Süskind, plutôt que d'aller faire un stage dans une usine de parfums de Grasse.

La sardine du port de Marseille

Un Français qui manifeste une tendance marquée à l'exagération ne manquera pas de se faire traiter par ses concitoyens de Marseillais. Les habitants

Man unterscheidet zwei Arten von Parfüm: natürliche und synthetische. Synthetische Duftstoffe werden entweder aus chemischen Produkten hergestellt, die wiederum aus Teer gewonnen werden,

oder sie entstehen aus einer chemischen Umwandlung von bestimmten natürlichen Essenzen. Die Industrie der synthetischen Parfüms entstand im 19. Jahrhundert. Die erste Fabrik wurde nicht in Grasse, sondern in – Paris gebaut.

Natürliche Parfüms bestehen entweder aus pflanzlichen Substanzen – aus ätherischen Ölen, die meist durch Destillation gewonnen werden – oder sie sind tierischen Ursprungs (Ambra, Moschus und Zibet).

Die Stadt Grasse ist das Zentrum der Parfümproduktion, genauer gesagt: der Produktion von natürlichen Duftstoffen pflanzlichen Ursprungs. Aber einen bedeutenden Beitrag zu diesem Teil der Produktion leisten die provençalischen Hochebenen, da dort überall Lavendel angebaut und destilliert wird.

Die Parfüms, die wir für unsere Körperhygiene benutzen, bestehen im allgemeinen aus einer Mischung aus Blütenessenzen, tierischen Aromastoffen und sehr häufig auch synthetischen Duftstoffen. Jedes Parfüm ist also ein Gemisch aus verschiedenartigen Zutaten, dessen genaue Zusammensetzung vom Hersteller allerstrengstens geheim gehalten wird.

Um in die geheimnisvolle Welt der Parfüm-Alchemie einzutauchen, sollte man wohl besser die Abenteuer von Grenouille, dem wunderbaren Anti-Helden von Patrick Süskind, nachlesen, anstatt ein Praktikum in einer Parfümfabrik in Grasse zu machen.

Die Sardine im Hafen von Marseille

Ein Franzose, der immerfort kräftig übertreibt, wird von seinen Mitbürgern stets ein Marseiller genannt. Die Bewohner dieser Stadt sind dafür bekannt, daß sie die Neigung

de cette ville sont en effet célèbres pour leur propension à la fanfaronnade. C'est Marius, le héros d'innombrables «histoires marseillaises», qui illustre le mieux l'art de la galéjade. Pour pallier son travers inné, Marius avait fort heureusement épousé une Lyonnaise, «une demoiselle du nord», qui parfois s'entendait à le freiner dans ses élans outranciers.

Un jour, il raconta à son ami Olive qu'il allait faire construire aux portes de Marseille un grand cabanon pour y recevoir ses amis... Un *très grand* cabanon, car ses amis étaient, bien entendu, *très nombreux.* D'ailleurs ces amis – qu'il voulait réunir le plus souvent possible autour d'une bouillabaisse gargantuesque – étaient si nombreux qu'il allait falloir construire une salle à manger immense... longue d'au moins cent mètres.

Avant de voir son mari reconstruire le château de Versailles, l'épouse de Marius lui adressa un discret coup de pied sous la table, afin de le ramener à la réalité – et Marius de se reprendre: longue de cent mètres, et large, ma foi, d'un mètre.

Marius était-il à l'orgine de l'histoire selon laquelle une sardine aurait un jour bouché le port de Marseille? Il est vrai qu'à l'échelle mondiale, le Vieux port n'est pas immense... mais comment une sardine parviendrait-elle à le bloquer? Marius ou non, l'histoire est véridique: un chalutier portant le nom prosaïque de «Sardine« avait effectivement fait une fausse manœuvre et rendu inaccessible l'entrée du Vieux port.

Néanmoins, ce préjugé à propos des Marseillais est profondément ancré dans les esprits français. Lorsqu'à la mi-octobre 1991 la presse annonça qu'un plongeur venait de découvrir entre Marseille et Cassis une grotte préhistorique dont l'entrée se situe à 40 mètres au-dessous du niveau de la mer, contenant des fresques en parfait état de conser-

haben, großmaulig zu reden. Marius, der Held unzähliger Marseiller Schnurren, veranschaulicht am besten die Kunst der «galéjade», der südfranzösischen Schwindelgeschichten. Um seinem angestammten Laster entgegenzuwirken, hat Marius glücklicherweise eine Lyonerin, «ein Mädchen aus dem Norden» geheiratet, der es manchmal gelingt, ihn in seinem Schwung zu bremsen.

Eines Tages erzählt Marius seinem Freund Olive, er werde vor den Toren von Marseille ein großes Wochenendhaus bauen, um seine Freunde zu bewirten. Ein *sehr* großes Wochenendhaus, denn seine Freunde seien selbstverständlich *sehr* zahlreich. Die Freunde, die er, so oft es überhaupt ginge, zu gigantischen Bouillabaisse-Essen einladen wolle, seien dermaßen zahlreich, daß er ein riesiges Eßzimmer werde bauen müssen, ein mindestens hundert Meter langes Eßzimmer!

Ehe sie zusehen mußte, wie Marius im Geist das Schloß von Versailles neu errichtete, gab seine Frau ihm einen diskreten Tritt unter dem Tisch, um ihn in die Wirklichkeit zurückzuholen. Marius fuhr etwas bescheidener fort: ein hundert Meter langes und – nun ja, ein *ein* Meter breites Eßzimmer!

War es Marius, der die Geschichte in Umlauf brachte, wonach einst eine Sardine den Hafen von Marseille verstopft haben soll? Es stimmt ja, daß der alte Hafen, gemessen an den heutigen großen Häfen der Welt, nicht gerade riesig ist. Aber wie sollte eine Sardine es schaffen, ihn zu blockieren? Marius oder nicht Marius: Die Geschichte stimmt! Ein Frachtdampfer, der ganz schlicht «Sardine» hieß, hatte beim Steuern einen Fehler gemacht und die Hafeneinfahrt versperrt.

Wie auch immer: Das Vorurteil über die Marseiller ist gründlich in den französischen Köpfen verankert. Als Mitte Oktober 1991 die französische Presse meldete, ein Taucher habe zwischen Marseille und Cassis eine frühgeschichtliche Höhle entdeckt, deren Eingang vierzig Meter unter dem Meeresspiegel liege und die 20 000 Jahre alte, vollkommen

vation vieilles de plus de vingt mille ans, bien des Français ont dû se dire: Tiens, Marius a encore ouvert sa grande gueule!

L'Île de Beauté

Ce sont les envahisseurs grecs qui, au VIe siècle avant Jésus-Christ, surnommèrent la Corse «Kallistê», la Très Belle, l'Île de Beauté. Ce surnom lui est resté et, ne serait-ce que pour l'infinie diversité de ses paysages, elle l'a bien mérité. Les Romains en étaient conscients à leur tour puisqu'ils se mirent en devoir de conquérir l'île à partir de 260 avant Jésus-Christ. Mais les Corses ne leur rendirent pas la tâche facile: ils leur opposèrent une résistance farouche et c'est sans doute ce qui fit dire à Sénèque: «De toutes leurs coutumes, la première consiste à se venger, la seconde à voler, la troisième à mentir, la quatrième à nier les dieux.»

Le Corse est têtu et cette mentalité reste aujourd'hui encore très marquée. Sans doute est-ce l'insularité qui a permis de la préserver à travers les siècles.

Le Corse n'est pas un Méridional du même type que le Marseillais. Celui-ci est sociable, exubérant, alors que le Corse est plutôt réservé et taciturne: il se livre peu, parle peu, ne se vante pas; mais il sait se mettre en valeur. Il reste fidèle à ses traditions séculaires: quand il rencontre des amis, il leur souhaite aujourd'hui encore «pace e salute», paix et santé. Le père de famille continue à jouir de l'autorité d'un *pater familias* romain: il est le chef responsable et son pouvoir est incontesté. La notion de famille est très large et recouvre toute la parenté. C'est ce qui fait dire à certains que les Corses sont tous cousins, et il est bien connu que les cousins s'aident mutuellement, il arrive même que

erhaltene Fresken beherberge, hat manch ein Franzose gesagt: Nanu, da hat wohl mal wieder Marius das Maul aufgemacht!

Die Insel der Schönheit

Die griechischen Eindringlinge waren es, die Korsika im 6. Jahrhundert vor Christus «Kallistê», die Sehr Schöne, die Insel der Schönheit nannten. Der Name blieb, und die Insel hat ihn verdient, allein schon der unendlichen Vielfalt ihrer Landschaften wegen. Auch die Römer waren sich dessen bewußt, denn ab 260 vor Christi Geburt setzten sie sich zum Ziel, Korsika zu erobern.

Die Korsen machten es ihnen nicht leicht: Sie leisteten erbitterten Widerstand. Vermutlich darauf ist es zurückzuführen, daß Seneca sagt: «Von allen ihren Gewohnheiten ist es die erste, Rache zu üben, die zweite zu stehlen, die dritte zu lügen, die vierte die Götter zu verleugnen.»

Der Korse ist ein Dickschädel, und diese Eigenart ist noch heute ganz stark ausgeprägt. Es liegt gewiß am Inseldasein, daß sie sich durch die Jahrhunderte hindurch erhalten konnte.

Der Korse ist kein Südländer vom Typus des Marseillers. Dieser ist gesellig und mitteilsam, während der Korse eher zurückhaltend und schweigsam ist. Er gibt sich selten preis, redet wenig, prahlt nicht, ist aber sehr selbstbewußt. Er ist jahrhundertealten Traditionen treu. Wenn er Freunde trifft, wünscht er ihnen noch heute «pace e salute», Frieden und Gesundheit. Der Familienvater hat noch immer die Autorität wie bei den alten Römern der *pater familias*: Er ist der verantwortliche Vorstand, und seine Macht ist unbestritten. Der Begriff Familie ist sehr breit und deckt die ganze Verwandtschaft ab. Deshalb sagen manche, die Korsen seien alle Vettern, und man weiß, daß Vettern sich gegenseitig helfen – manche Vettern haben ja auch einen besonders langen Arm... (Man erinnere sich an die überaus ver-

certains cousins aient le bras long... (On se souvient de la très tentaculaire famille Bonaparte dont les membres devinrent rois et princes!) D'ailleurs dans les luttes politiques ce sont plus souvent les clans qui s'affrontent plutôt que les idéologies.

Pour en revenir à Sénèque, le Corse est susceptible et vindicatif. La vendetta est le châtiment du criminel, c'est la peine du talion – oeil pour oeil, dent pour dent. Du temps où la justice était boîteuse, il fallait bien se faire justice à soi-même: «puisque tu as tué mon cousin, je tuerai un de tes cousins». Pour bien comprendre cet esprit, il suffit de relire *Colomba* ou *Matteo Falcone* de Mérimée.

Ne dites jamais à un Corse qu'il est à moitié Italien. Même si sa langue ressemble à l'italien, elle comporte tout de même des différences considérables, un peu comme l'alsacien et l'allemand. Le Corse est bien un Français à part entière; son île n'a jamais été une colonie.

Cependant, de même que l'Alsacien fait la distinction entre les Français d'Alsace et ceux «de l'intérieur», le Corse appelle les autres Français «les continentaux» ou encore les *pintsouti,* les «pointus» – à cause de leur accent ou plutôt de leur absence d'accent.

Les anecdotes à propos de l'accent de Napoléon sont nombreuses; on dit qu'il ne l'a jamais perdu. En tout cas, on sait qu'il avait quelquefois la nostalgie de son île. «Je la reconnaîtrais les yeux fermés, rien qu'à l'odeur du maquis apportée sur les flots», disait-il quand il devenait sentimental.

zweigte Bonaparte-Familie, deren Mitglieder alle Könige und Fürsten wurden!) Bei politischen Kämpfen dreht sich die Auseinandersetzung meist um Familienclans, nicht so sehr um Ideologien.

Um noch einmal auf Seneca zurückzukommen: Der Korse ist empfindlich und rachsüchtig. Die «Vendetta» ist die Bestrafung des Verbrechers, es ist das Gesetz der Vergeltung – Aug' um Auge, Zahn um Zahn. Zu einer Zeit, als die Justiz noch hinkte, mußte man sich selbst Gerechtigkeit verschaffen: «Du hast meinen Vetter umgebracht, also werde ich einen deiner Vettern umbringen.» Um dies nachvollziehen zu können, braucht man nur *Colomba* und *Matteo Falcone* von Prosper Merimée zu lesen.

Sagen Sie ja nicht zu einem Korsen, er sei ein halber Italiener! Sie würden ihn fuchsteufelswild machen. Seine Sprache hat zwar viel Ähnlichkeit mit dem Italienischen, doch sie weist auch ganz deutliche Unterschiede auf, etwa wie das Elsässische gegenüber dem Deutschen. Der Korse ist durchaus ein Franzose, ein echter. Seine Insel war nie eine Kolonie. Aber ähnlich wie der Elsässer einen Unterschied macht zwischen den Franzosen aus dem Elsass und den «Innerfranzosen», so nennt der Korse die anderen Franzosen «die Kontinentalen» oder auch die *pintsouti*, «die Spitzen» – wegen ihres Akzents, aus korsischer Sicht, das heißt wegen ihres nicht vorhandenen Akzents.

Es gibt viele Anekdoten über Napoleons Akzent. Angeblich hat er ihn nie abgelegt. Auf jeden Fall weiß man, daß er ab und zu Heimweh nach seiner Insel hatte: «Ich würde sie mit geschlossenen Augen wiedererkennen, allein am Geruch der Macchia, den die Fluten herbeitragen», pflegte er zu sagen, wenn er sentimental wurde.

Zweiter Teil

L'Histoire de France enseignée aux petits Français commence comme un conte de fées. «Il y a plus de deux mille ans, notre pays s'appelait la Gaule et ses habitants les Gaulois.» C'est l'idylle. Nos ancêtres les Gaulois étaient très malins, ils savaient faire un tas de choses. Travailler le métal par exemple: Ils fabriquaient de jolis bijoux (des diadèmes, des torques, des fibules!), mais aussi des outils et des armes. Ah oui, les armes! Ils aimaient beaucoup s'en servir, nos ancêtres les Gaulois; ils étaient d'humeur assez belliqueuse. Et puis ils étaient terriblement forts, même ceux qui n'étaient pas tombés dans le chaudron du druide Panoramix et qui n'avaient pas bu de potion magique. Forts comme des lions, mais très indisciplinés: ils étaient tellement bagarreurs qu'ils ne cessaient de se taper dessus. Et ce fut là leur malheur.

Les Romains, eux, étaient bien mieux organisés. Ils étaient déjà installés sur la côte méridionale de la Gaule. De sacrés connaisseurs, ces Romains! Ils aimaient les jolis coins ensoleillés! Ils y avaient construit des routes et fondé des villes. C'est de là que le général romain Jules César a systématiquement envahi et conquis la «Gaule chevelue» (et il sont moustachus en plus! disaient les Romains). Mais ça c'était entre 58 et 52 avant Jésus-Christ.

En 52 les tribus gauloises se soulevèrent. Vercingétorix (le nom signifie: le grand chef des guerriers) prit la tête d'une armée à peu près unifiée qui très vite remporta une victoire à Gergovie. Mais à Alésia les Romains gagnèrent. Vercingétorix avait mal calculé son coup – les vivres étaient insuffisants pour soutenir le siège – et se vit contraint de capituler devant Jules César qu'il détestait.

«Donne-moi tes armes» lui ordonna l'ennemi. Que fit alors notre héroïque Gaulois? Eh bien il les

Vercingetorix, der stolze Gallier

Die französische Geschichte, die den jungen Franzosen beigebracht wird, beginnt wie ein Märchen: «Vor mehr als
zweitausend Jahren hieß unser Heimatland Gallien. Seine
Bewohner waren die Gallier.» Eine Idylle. Unsere Vorfahren, die Gallier, waren sehr schlau, sie konnten schon alles
mögliche. Schmieden zum Beispiel: Sie stellten hübschen
Schmuck her (Diademe, Halsbänder, Spangen), aber auch
Werkzeug und Waffen.

Ach ja, Waffen! Mit Waffen haben
sie sich immer gern zu schaffen gemacht, unsere Vorfahren, die Gallier. Sie waren schon rechte Raufbolde. Außerdem waren sie ungeheuer stark, sogar diejenigen, die nicht
in den Kessel des Druiden Panoramix gefallen waren und
keinen Zaubertrank getrunken hatten. Bärenstark und ungebärdig: Sie waren dermaßen streitsüchtig, daß sie sich
sogar gegenseitig die Köpfe einschlugen. Und das hat ihnen
Unglück gebracht.

Die Römer waren nämlich besser organisiert als sie. Die
Römer hatten sich bereits an Galliens Mittelmeerküste niedergelassen. Das waren Kenner, die Römer! Die wußten
schon, wo's schön ist und wo die Sonne scheint! Sie hatten
angefangen, Straßen zu bauen und Städte zu gründen. Von
da aus hatte der römische General Julius Cäsar Stück für
Stück das «Haarige Gallien» erobert (Schnurrbärte tragen die
auch noch!, sagten die Römer). Das war zwischen 58 und 52
vor Christi Geburt gewesen.

Im Jahre 52 machten die gallischen Stämme einen Aufstand. Vercingetorix (der Name bedeutet «großer Führer der
Krieger») übernahm die Führung einer eingermaßen vereinigten Armee, die prompt einen Sieg errang: bei Gergovia. Aber in Alesia gewannen wieder die Römer. Vercingetorix hatte nicht richtig geplant – die Lebensmittel reichten
nicht, um der Belagerung standzuhalten – und war also gezwungen, sich dem verhaßten Julius Cäsar zu ergeben.

«Gib mir deine Waffen!», herrschte ihn der böse Feind
an. Und was tat unser heldenmütiger Gallier? Er warf seine

jeta aux pieds de Jules César en criant: «Viens les ramasser!»

Quelle scène poignante! Décidément, nous avons tout lieu d'être fiers de nos ancêtres. Avec Vercingétorix, c'est toute la France qui relève la tête – même si sa victoire n'est pas définitive, elle est magnifiquement honorable.

Mais au fait, où sommes-nous allés pêcher cet épisode sublime? Nous n'en trouvons nulle trace dans les manuels d'histoire antérieurs à 1870. Curieux, n'est-ce-pas?

Clovis, roi des Francs

A l'âge de quinze ans, Clovis devint chef de la tribu des Francs Saliens. Dans ses jeunes années, il ne fut qu'un barbare querelleur parmi d'autres. Confiant dans sa force de jeune guerrier, il réunit une armée et s'attaqua au général romain Syagrius. Ce fut la bataille de Soissons en 486, d'où il sortit victorieux.

A Soissons se produisit le célèbre incident du vase, rapporté par Grégoire de Tours: Après la bataille, les Francs auraient volé dans une église un vase de belle facture. Rémi, l'évêque de Reims, demanda à Clovis de le restituer.

Dans l'euphorie de la victoire, celui-ci était enclin à la générosité et promit de le rendre. Il le réclama donc à ses guerriers, en plus de sa part du butin. Un soldat envieux s'y opposa, cassa le vase et déclara: «Tu n'auras que ce que le sort te donnera.»

L'année suivante, passant en revue ses troupes, Clovis reconnut le guerrier. «Personne ici n'a d'armes aussi mal tenues que les tiennes», lui dit-il. Il prit la francisque du guerrier et la jeta à terre. Lorsque celui-ci se baissa pour la ramasser, Clovis

Waffen Julius Cäsar vor die Füße und schrie: «Heb sie dir auf!»

Was für eine herzergreifende Szene! Wir haben wirklich allen Grund, auf unsere Vorfahren stolz zu sein. Mit Vercingetorix erhebt ganz Frankreich das Haupt – wenn noch nicht endgültig siegreich, so doch bereits herrlich ehrenhaft.

Aber halt – wo haben wir eigentlich diese wunderbare Geschichte her? In den Geschichtsbüchern, die vor 1870 erschienen sind, ist keine Spur davon zu finden. Komisch.

Chlodwig, König der Franken

Mit fünfzehn Jahren wurde Chlodwig zum Stammesführer der salischen Franken ernannt. In seinen jungen Jahren war er nichts als ein streitsüchtiger Barbar unter anderen. Im Vertrauen auf seine kriegerische Kraft sammelte er ein Heer und begann einen Feldzug gegen den römischen General Syagrius. Im Jahre 486 kam es zur Schlacht von Soissons, aus der er siegreich hervorging.

In Soissons fand der berühmte Zwischenfall mit der Vase statt, den Gregor von Tours überliefert: Nach der Schlacht sollen die Franken eine besonders schön gearbeitete Vase als Kriegsbeute aus einer Kirche entwendet haben. Remigius, der Bischof von Reims, bittet Chlodwig, ihm das Gefäß wiederzugeben. Im Glücksgefühl des Sieges neigt dieser zur Großmut und verspricht, die Vase herauszurücken. Also fordert er sie von den Soldaten, zusätzlich zu seinem Anteil an der Beute. Ein aufmüpfiger Soldat weigert sich jedoch, zerschlägt die Vase und erklärt: «Auch du sollst nichts anderes erhalten, als was das Schicksal dir gewährt!»

Als Chlodwig im Jahr darauf seine Truppen an sich vorbeimarschieren ließ, erkannte er den Krieger wieder. «Keiner hier hat seine Waffen so schlecht in Schuß wie du!», sagte er. Er ergriff das Doppelbeil des Kriegers und warf es zu Boden. Als der Arme sich bückte, um es aufzuheben, spaltete

lui fendit le crâne en disant: «Ainsi as-tu fait du vase de Soissons!»

Clovis avait épousé la princesse chrétienne Clotilde, mais on voit qu'il n'avait pas encore mis en pratique les principes d'amour du prochain et de pardon enseignés par la foi chrétienne. Une dizaine d'années plus tard seulement, en 496, se trouvant dans une mauvaise posture lors de la bataille de Tolbiac, il fit un voeu: «Dieu de Clotilde, si tu me donnes la victoire, je croirai en toi et je me ferai baptiser.» Il tint sa promesse. Lorsqu'il se fit baptiser – par le même évêque qui lui avait demandé de restituer le vase –, 3000 guerriers suivirent son exemple. Il gagna ainsi l'appui de l'Eglise et une sorte de communauté d'intérêts se créa.

Certes, Clovis était pieux et animé d'un sentiment religieux – des miracles se produisaient même sur son passage, des biches énigmatiques ou des colonnes de feu mystérieuses lui montraient la route à suivre dans ses campagnes... Mais il serait exagéré de prétendre qu'il agit en missionnaire désintéressé. C'est donnant donnant: si l'Eglise lui vient en aide, il soumettra les hérétiques qui occupent une grande partie de la Gaule... A cette occasion, il s'appropria le royaume wisigoth.

Ainsi Clovis parvint-il à s'imposer partout dans l'ancienne Gaule romaine et à jeter les bases d'un véritable royaume. Vers la fin de sa vie le territoire dont il est maître est immense. Il mourut en 511 à Paris – dont il avait fait la capitale de son royaume. Les Français s'accordent à le considérer comme le premier chef de leur pays.

Le roi qui avait mis sa culotte à l'envers

96
97   Après la mort de Clovis, le royaume des Francs sombre dans la décadence. Ses fils et ses petits-fils

ihm Chlodwig den Schädel mit den Worten: «Das hast du mit der Vase von Soissons getan!»

Chlodwig war zwar mit der christlichen Prinzessin Chlothilde verheiratet, doch man sieht, daß er sich die christlichen Grundgebote der Nächstenliebe und der Vergebung noch nicht zu eigen gemacht hatte. Erst zehn Jahre später, 496, als er sich bei der Schlacht von Tolbiac in einer brenzligen Lage befand, legte er ein Gelübde ab:

«Wenn du mir den Sieg gewährst, o Chlothildes Gott, dann werde ich an dich glauben und mich taufen lassen.» Er hielt sein Versprechen. Als er sich taufen ließ – von dem Bischof, der die Vase zurückerbeten hatte –, folgten dreitausend Krieger seinem Beispiel. So sicherte er sich die Unterstützung der Kirche, und es entstand eine Art Interessengemeinschaft.

Gewiß, Chlodwig war fromm, war von religiösen Gefühl getragen – in seinem Umkreis haben sich sogar Wunder ereignet, rätselhafte Rehe und geheimnisvolle Feuersäulen haben ihm auf seinen Kriegszügen die Richtung gewiesen... Aber es wäre übertrieben zu behaupten, daß er stets als uneigennütziger Missionar handelte. Nichts ohne Gegenleistung! Wenn die Kirche ihn unterstützt, wird er die Ketzer unterwerfen, die einen Großteil von Gallien beherrschen... Bei dieser Gelegenheit hat er sich das Reich der Westgoten unter den Nagel gerissen.

So gelang es Chlodwig allmählich, sich überall im ehemaligen römischen Gallien durchzusetzen und ein richtiges Königreich zu schaffen. Am Ende seines Lebens war das Gebiet, in dem er regierte, unermeßlich groß. Er starb 511 in Paris, das er zur Hauptstadt seines Reiches erklärt hat. Die Franzosen betrachten ihn einhellig als das erste Oberhaupt ihres Landes.

Der König mit der Hose falsch herum

Nach Chlodwigs Tod ging es abwärts mit dem Reich der Franken. Seine Söhne und Enkel rauften sich um das Erbe.

se disputaient l'héritage. Il faudra attendre 629 et l'arrivée du «bon roi Dagobert» pour que l'ordre soit – momentanément – rétabli.

Dagobert prit l'heureuse initiative d'éviter le partage du royaume en écartant son frère cadet du pouvoir. A cette époque, il existait un moyen très simple d'empêcher les autres membres de la famille de régner: on les tonsurait. Un chef sans cheveux longs était considéré comme indigne de commander les guerriers. Un homme tonsuré perdait automatiquement le droit de porter les armes!

Par ailleurs, Dagobert s'entoura d'excellents conseillers! Ouen, l'évêque de Rouen – qui devint plus tard Saint Ouen – pour les relations extérieures, l'orfèvre Eloi – devenu Saint Eloi – pour les finances (la chronique relate que le roi avait commandé un trône en or à l'orfèvre qui jouissait apparemment d'une grande réputation; avec la quantité de métal précieux livré pour la réalisation d'*un* trône, Eloi en aurait fait *deux*: preuve de ses qualités de gestionnaire...) Il semble que Dagobert fut le premier roi à s'être préoccupé d'administration, et en particulier de justice. Pour la première fois on rédigea des textes de lois, et le peuple fut ainsi un peu moins soumis à l'arbitraire. C'est pour cette raison qu'on surnomma Dagobert le Salomon des Francs.

En revanche, il mena une vie plutôt dissolue. Est-ce son hérédité gauloise qui le poussa à s'entourer d'une foule de jolies femmes? Il réussit en tout cas à organiser sa vie entre une épouse et des concubines d'une part et quantité d'êvêques et de prélats d'autre part.

On se demande pourquoi la chanson populaire a fait de cet érotomane plein de sagesse le grand maladroit que tous les Français connaissent.

Le bon roi Dagobert
avait mis sa culotte à l'envers.

Erst im Jahre 629, als «der gute König Dagobert» den Thron bestieg, wurde die Ordnung – vorübergehend – wiederhergestellt.

Dagobert vermied die Teilung des Reiches, indem er seinen jüngeren Bruder von der Macht ausschaltete. Es gab damals ein einfaches Mittel, die anderen Mitglieder einer Familie am Herrschen zu hindern: Man schnitt ihnen die Haare ab. Ein Krieger, der keine langen Haare hatte, wurde als nicht würdig angesehen, andere Krieger zu führen. Wenn ein Mann die Tonsur erhielt, verlor er im selben Augenblick das Recht, Waffen zu tragen!

Im übrigen umgab sich Dagobert mit ausgezeichneten Beratern: Ouen, dem Bischof von Rouen – der später zum Heiligen Ouen wurde – als Außenminister, und dem Goldschmied Eligius – der später zum Heiligen Eligius wurde – als Kämmerer. (Die Chronik berichtet, daß der König beim Goldschmied einen goldenen Thron bestellt hatte. Aus dem Metall, das ihm für *einen* Thron geliefert wurde, soll Eligius *zwei* gemacht haben: ein Nachweis seiner Fähigkeiten als Finanzverwalter...) Es hat den Anschein, daß Dagobert der erste König war, der sich um die Verwaltung und vor allem um die Justiz kümmerte. Zum ersten Mal wurden Gesetzestexte aufgeschrieben, und damit war das Volk etwas weniger der Willkür der Herrschenden ausgesetzt. So kam es, daß Dagobert auch der «der Salomon der Franken» genannt wurde.

Er selber fuhrte ein ziemlich lockeres Leben. War es das gallische Erbe in ihm – «gallisch» heißt auch geil, schlüpfrig! – das ihn dazu bewog, sich mit unzähligen hübschen Frauen zu umgeben? Es gelang ihm jedenfalls, sein Leben zwischen einer Ehefrau und einigen Konkubinen einerseits und einer Menge Bischöfe und Priester andererseits einzurichten.

Es ist schwer zu verstehen, warum das Volkslied aus dem weisen Erotomanen den ungeschickten Plümpling gemacht hat, den alle Franzosen kennen.

> Der gute König Dagobert
> hatte seine Hosen falsch herum angezogen.

Le grand Saint Eloi lui dit :
– O mon roi, vôtre Majesté est mal culottée.
– C'est vrai, lui dit le roi,
je vais la remettre à l'endroit.

Avait-il été surpris en flagrant délit d'adultère et obligé de se rhabiller précipitamment ? Dans une autre strophe, Eloi le prévient qu'il pourrait se blesser avec son grand sabre de fer ; bon enfant, il le remplace par un sabre de bois. Ou encore : il s'essouffla à la chasse pour avoir été poursuivi par un lapin...

Ce qui est sûr, c'est que la chanson n'est pas aussi ancienne que son modèle. Elle fut mise à la mode en 1814, au retour de la monarchie. La police l'interdit même pendant un certain temps, car on la jugeait offensante à l'égard du roi...

Sacré Charlemagne

Les Français sont d'accord entre eux pour considérer les Gaulois comme leurs ancêtres, mais, non contents, ils n'ont pas manqué non plus de s'approprier Mérovingiens et Carolingiens. Carolus Magnus a beau être un empereur romain, tout se passe comme si la France avait été seule concernée par ses mesures. Certes, Charlemagne a installé sa cour à Aix-la-Chapelle. Mais peut-être aurait-il opté pour Paris s'il n'avait pas eu à se battre en permanence contre ces terribles Saxons.

Lorsqu'en 768 Charlemagne succède à son père Pépin le Bref, il constate que ses sujets sont tous profondément ignorants, y compris le clergé. Lui-même sait lire et écrire, parle couramment le latin, comprend le grec. Il décide de favoriser l'instruction. Il fait appel à l'Eglise pour mener à bien cette tâche. Il décrète que dorénavant chaque monastère

Da sagte der große Heilige Eligius:
«O mein König, Eure Majestät ist schlecht behost.»
«Stimmt», antwortete der König,
«ich werde sie richtig rum anziehen.»

War er auf frischer Tat beim Ehebruch ertappt worden und gezwungen, sich überstürzt wieder anzuziehen? In einer anderen Strophe warnt ihn Eligius, er könnte sich mit seinem großen eisernen Säbel verletzen; da ersetzt er den eisernen Säbel gutmütig durch einen hölzernen. Oder sogar: Bei der Jagd gerät er außer Atem, weil ihn ein Kaninchen verfolgt...

Sicher ist, daß das Lied nicht so alt ist wie sein Gegenstand. Es kam 1814 in Mode, als die Monarchie wiederhergestellt wurde. Es wurde sogar einige Zeit von der Polizei verboten, weil man es dem König gegenüber für beleidigend hielt...

Verdammter Charlemagne

Die Franzosen sind sich einig, die Gallier als ihre Vorfahren zu betrachten, aber sie haben es nicht dabei belassen, sondern zählen auch die Merowinger und die Karolinger zu ihren Ahnen. Karl der Große, Carolus Magnus, nennt sich Römischer Kaiser, aber es sieht so aus, als ob Frankreich das einzige Land gewesen wäre, das von seinen Maßnahmen betroffen war. Gewiß, Karl hat seinen Hof in Aachen eingerichtet. Vielleicht hätte er sich für Paris entschieden, wer weiß, wenn er nicht dauernd die schrecklichen Sachsen hätte bekämpfen müssen.

Als Karl im Jahr 768 die Nachfolge seines Vaters, Pippin des Kurzen, antritt, stellt er fest, daß seine Untertanen schrecklich ungebildet sind, sogar die Priester.

Er selber kann lesen und schreiben, spricht fließend Latein und versteht Griechisch. Er beschließt, die Bildung zu fördern. Dazu wendet er sich an die Kirche. Er verfügt, daß fortan jedes Klo-

aura une école où les moines apprendront la grammaire, l'histoire, la calligraphie et le chant. Mais le clergé ne doit pas être seul à pouvoir s'instruire. Charlemagne confie à l'Eglise le soin de fonder dans chaque paroisse une école gratuite dirigée par un prêtre.

Dans son palais à Aix-la-Chapelle il fonda une sorte de grande école qui avait pour particularité de recevoir aussi bien des enfants pauvres que des fils de nobles. Cette institution lui tenait très à cœur et il allait personnellement inspecter son école.

Un jour, après avoir examiné les devoirs des écoliers, il demanda aux enfants qui avaient fait du bon travail de venir se placer à sa droite. Ceux qui avaient fait du mauvais travail vinrent se placer à sa gauche. On s'aperçut alors que ceux du premier groupe étaient tous des enfants de pauvres. Il les félicita et leur promit des évêchés et des monastères magnifiques. «A mes yeux, vous serez toujours dignes d'honneurs.» Il ne parla pas à l'autre groupe sur le même ton: «Je ne fais pas grand cas de votre noblesse et de vos bonnes manières. Si vous ne réparez pas votre négligence par un travail assidu, vous n'obtiendrez jamais rien de moi.»

C'est là l'esquisse de notre société moderne du mérite, mais aussi du rendement. Pas dans tous les siècles qui suivirent, mais en tout cas depuis la Révolution française, le principe de Charlemagne a triomphé. Rien d'étonnant donc à ce que les écoliers français n'aient pas, dans les moments difficiles, de pensées de sympathie à son égard. Une chanson des années soixante disait:

> Qui a eu cette idée folle
> Un jour d'inventer l'école?
> C'est ce sacré Charlemagne!

ster auch eine Schule zu unterhalten hat, wo den Mönchen Grammatik, Geschichte, Schönschreiben und Gesang beigebracht wird. Aber nicht nur der Klerus soll in der Lage sein sich zu bilden. Karl überläßt es der Kirche, in jeder Gemeinde eine kostenlose, von einem Priester geführte Schule zu gründen.

In seinem Schloß in Aachen gründet er eine Art Elite-Schule, deren Besonderheit darin besteht, daß dort sowohl arme Kinder als auch Söhne aus dem Adel aufgenommen werden. Diese Einrichtung lag ihm sehr am Herzen, und er ging höchstpersönlich seine Schule inspizieren.

Als er wieder einmal die Arbeiten der Schüler in Augenschein genommen hatte, bat er die Kinder, die gute Arbeit geleistet hatten, sich zu seiner Rechten zu begeben. Die anderen, die schlechten Schüler, mußten sich zu seiner Linken aufstellen. Nun sah man, daß alle Schüler der ersten Gruppe Kinder von armen Leuten waren. Er lobte sie und versprach ihnen Bistümer und prachtvolle Klöster. «In meinen Augen werdet ihr stets Ehre verdienen.»

Mit der anderen Gruppe sprach er nicht im gleichen Ton. «Von eurem Adel und eurem vornehmen Betragen halte ich nicht viel. Wenn ihr eure Nachlässigkeit nicht durch fleißiges Arbeiten gutmacht, werdet ihr von mir nie etwas erhalten.»

Wir haben es also mit dem Entwurf der modernen Gesellschaft des Verdienstes, aber auch der Leistung zu tun. Nicht in allen folgenden Jahrhunderten, wohl aber endgültig seit der französischen Revolution gilt das von Karl dem Großen aufgestellte Prinzip.

Kein Wunder, daß französische Schüler in schwierigen Momenten unfreundlich an ihn denken. Ein Schlager der sechziger Jahre lautete:

Wer kam auf die verrückte Idee
Eines Tages die Schule zu erfinden?
Es war der verdammte Charlemagne!

L'histoire de la Pucelle d'Orléans, c'est presque un conte de fées, un conte dont la fin tragique fut rattrapée in extremis, avec 450 ans de retard. Lorsqu'en 1425, vers l'âge de treize ans, la petite Jeanne entendit pour la première fois la voix de Dieu, la France était plongée dans une profonde détresse. C'était la guerre depuis près de cent ans. Une rivalité sans merci opposait Armagnacs et Bourguignons. Les Anglais s'allièrent aux Bourguignons; bientôt, ils occupèrent tout le nord de la France et entreprirent des razzias systématiques dans le sud-ouest. En 1420, le Traité de Troyes avait écarté du trône le fils et héritier du roi fou Charles VI en instaurant le principe d'une double monarchie, française et anglaise, au profit du roi d'Angleterre.

En octobre 1428, alors que la ville d'Orléans est assiégée par Salisbury et réduite à la famine, Dieu s'adresse pour la seconde fois à la jeune paysanne lorraine et lui prédit qu'elle délivrera Orléans et fera sacrer le roi à Reims. En février 1429, Jeanne, vêtue en homme, quitte la Lorraine accompagnée par deux écuyers et quatre valets d'armes pour se rendre à Chinon où réside le futur Charles VII. Comme par miracle, le trajet se fait sans incidents, bien que le pays soit sillonné par des bandes ennemies.

A Chinon le roi attend deux jours avant de recevoir la jeune fille, le 25 février. Pour éviter de tomber dans un guet-apens il se mêle à la foule. Mais Jeanne, bien qu'elle ne l'ait jamais vu auparavant, va droit vers lui, lui embrasse les genoux et déclare qu'elle est envoyée par Dieu pour le faire sacrer à Reims et l'aider à chasser les Anglais de France. Après un temps de réflexion pour Charles et de fastidieux interrogatoires de la part de théo-

Die Geschichte der Jungfrau von Orléans ist fast ein Märchen, ein Märchen, dessen tragisches Ende mit 450 Jahren Verspätung wiedergutgemacht wurde. Als Johanna 1425 mit etwa dreizehn Jahren zum ersten Mal die Stimme Gottes vernahm, war Frankreich in großer Not. Seit fast hundert Jahren war Krieg. Die Burgunder und die Armagnacs stritten sich unversöhnlich um die Vormacht innerhalb Frankreichs. Die Engländer verbündeten sich mit den Burgundern; sie beherrschten bald den gesamten Norden des Landes und unternahmen planmäßig bewaffnete Raub- und Zerstörungszüge in den Südwesten. 1420 wurde durch den Vertrag von Troyes der Sohn und Erbe des geistig verwirrten französischen Königs Karls VI. von der Thronfolge ausgeschlossen, indem das Prinzip einer französisch-englischen Doppelmonarchie eingeführt wurde, und zwar zugunsten des Königs von England.

Als die Stadt Orléans im Oktober 1428 von Salisbury belagert und ausgehungert wird, wendet sich Gott zum zweiten Mal an das junge Bauernmädchen aus Lothringen und kündigt ihr an, sie werde Orléans befreien und den König in Reims krönen lassen.

Im Februar 1429 verläßt Johanna Lothringen in Männerkleidung. Begleitet von zwei Reitern und vier bewaffneten Knappen, geht sie nach Chinon, wo der künftige König residiert. Wunderbarerweise kommen sie heil an, obwohl das Land von feindlichen Banden durchstreift wird.

In Chinon muß Johanna zwei Tage warten, bis der junge Karl sie am 25. Februar empfängt. Um nicht in eine Falle zu geraten, mischt er sich unters Volk, aber Johanna, die ihn nie zuvor gesehen hat, geht schnurstracks auf ihn zu, küßt ihm die Knie und erklärt, Gott habe sie gesandt, um ihn in Reims zum König salben zu lassen und ihm zu helfen, die Engländer aus Frankreich zu vertreiben. Nach einer Bedenkzeit für Karl und langwierigen Ermittlungen von seiten der Priester – sie wollen herausbekommen, ob Johannas Ab-

logiens et de prélats – ils cherchent à savoir si les intentions de Jeanne sont pures – Charles lui accorde ce qu'elle demande : une armée. Et avec cette armée elle délivre Orléans et conduit Charles à Reims où il est effectivement sacré roi.

Cependant Charles est un personnage faible et indécis. Lorsque Jeanne, en route pour secourir Compiègne, est prise par les Bourguignons qui la vendent aux Anglais, Charles VII ne fait rien pour la sauver. Elle sera jugée à Rouen par un tribunal d'Eglise présidé par l'évêque Cauchon – *nomen est nomen* – dont la mission sera de prouver que Jeanne est une hérétique. Après un procès infernal et deux ans de prison, Jeanne est condamnée à être brûlée vive et exécutée le 30 mai 1431.

Puis l'histoire l'oublie. Elle n'était après tout qu'une femme un peu trop courageuse. C'est au XIXe siècle seulement que la France redécouvre ce personnage tragique. Schiller l'intronise héroïne de théâtre. L'historien Michelet en fait l'éloge, et en 1870, quand la France est vaincue par l'Allemagne – qui occupe l'Alsace et la Lorraine – Jeanne, la petite bergère de Domrémy un peu simplette, devient l'héroïne du sentiment national. Soudain, l'Eglise se souvient qu'elle avait été appelée par Dieu : en 1909, les prélats français proposent de la béatifier. Pendant la guerre de 14–18, des cartes postales patriotiques représentent Jeanne à la tête des armées, et des monuments à sa mémoire poussent comme des champignons dans toutes les bourgades de France. En 1920, Jeanne est définitivement réhabilitée et devient sainte Jeanne d'Arc : un enterrement de première classe pour une femme qui fut peut-être moins niaise que les historiens et les poètes – rien que des hommes – ne l'ont représentée pour tenter de la ranger, approximativement au moins, dans un tiroir.

sichten rein sind –, erfüllt Karl ihren Wunsch: Sie erhält eine Armee. Mit dieser Armee befreit Johanna die Stadt Orléans – und dann führt sie Karl nach Reims, wo er tatsächlich gekrönt wird.

Aber Karl VII. ist ein schwacher, unsicherer Mensch. Als Johanna auf dem Weg nach Compiègne, das sie ebenfalls befreien will, von den Burgundern gefangen genommen wird, die sie wiederum an die Engländer verkaufen, unternimmt Karl nichts, um sie zu retten. In Rouen soll ihr, unter englischer Aufsicht, von einem Kirchengericht der Prozeß gemacht werden – den Vorsitz führt Bischof Cauchon, der Name klingt wie Schwein. Das Gericht soll beweisen, daß Johanna eine Ketzerin ist. Nach einem höllischen Prozeß und zwei Jahren Gefangenschaft wird Johanna zum Tode verurteilt und am 30. Mai 1431 verbrannt.

Danach wird sie so ziemlich vergessen. Schließlich war sie nichts weiter als eine etwas zu mutige Frau. Erst im 19. Jahrhundert entdeckt Frankreich diese tragische Heldenfigur erneut. Schiller verleiht ihr die höheren Theaterweihen. Der Historiker Michelet erwähnt sie lobend, und als Frankreich 1870 von Deutschland besiegt wird – Elsass-Lothringen ist besetzt –, wird Johanna, die etwas einfältige kleine Schäferin von Domrémy, zur Heldin des Nationalgefühls. Auch die Kirche erinnert sich plötzlich, daß Johanna ja von Gott gerufen worden war: 1909 schlagen die französischen kirchlichen Würdenträger vor, Johanna selig zu sprechen.

Während des Ersten Weltkrieges werden patriotische Postkarten gedruckt, die Johanna an der Spitze der Armeen darstellen, und überall schießen die Denkmäler, die an sie gemahnen sollen, wie Pilze aus dem Boden. 1920 wird Johanna in aller Form rehabilitiert und zur Heiligen gemacht: Eine Bestattung erster Klasse für eine Frau, die vielleicht nicht so einfältig war, wie die Historiker und die Dichter – lauter Männer – sie dargestellt haben, um sie doch wenigstens einigermaßen in eine Schublade stecken zu können.

Au Moyen-Âge, le commerce avec l'Orient était aux mains des Italiens. Ils étaient armateurs ou négociants, banquiers ou assureurs, et les rois de France étaient parfois contraints d'emprunter de l'argent aux banquiers lombards. Dans toutes les cours d'Europe, on parlait de la renaissance des villes italiennes, des merveilles de l'art à Florence, à Milan, à Venise, à Rome. Les noms de Botticelli et de Michelange étaient plus célèbres au-delà des frontières que ceux de grands hommes de guerre.

Ces succès suscitaient l'envie et François Ier ne fut pas le premier monarque d'Europe à se demander s'il n'avait pas, par hasard, quelques droits ancestraux sur ces terres. A peine arrivé au pouvoir en janvier 1515, le jeune roi tout pimpant, tout beau, débordant d'énergie, mais également attiré par les arts et les lettres, s'engage dans une première campagne d'Italie avec l'objectif de conquérir Milan. Reconquérir, disait-il. Ce que ses prédécesseurs avaient déjà, vainement, tenté de faire. Ce fut, à Marignan, une victoire foudroyante.

Les expéditions ultérieures de François Ier en Italie – on se souvient de ses mésaventures avec Charles Quint à Pavie – furent moins heureuses. Néanmoins il avait pris goût à l'esprit de la Renaissance. Pendant toute la durée de son règne, de 1515 à 1547, il s'employa à promouvoir les sciences et les arts. Il fit venir à la cour les peintres italiens les plus célèbres – Léonard de Vinci vint mourir en Touraine – et il maria son second fils, le futur Henri II, à Catherine de Médicis.

C'est à cette princesse que les femmes doivent l'un des grands acquis de la Renaissance, un attribut essentiel de leur garde-robe. Catherine adorait accompagner son beau-père à la chasse et, pour ce faire, elle montait à cheval de manière plus spor-

Franz I. und Italien

Im Mittelalter befand sich der Handel mit dem Orient in den Händen der Italiener. Sie waren Reeder und Großhändler, Bankiers und Versicherer, und auch die Könige von Frankreich mußten zuweilen Anleihen bei den lombardischen Bankiers machen... An allen europäischen Höfen war die Rede vom Aufschwung, von der «Renaissance» der italienischen Städte, von den Wundern der Kunst in Florenz, Mailand, Venedig und Rom. Die Namen Botticelli und Michelangelo waren jenseits der Grenzen berühmter als die der großen Heerführer.

Solche Erfolge erweckten Neid, und Franz I. dachte – wie vor ihm andere europäische Herrscher – darüber nach, ob es nicht etwa irgendwelche altehrwürdigen Rechtsansprüche gäbe. Kaum war der junge König – der ebenso mutig wie schön war, sich aber auch von den Künsten und Wissenschaften angezogen fühlte – im Januar 1515 an die Macht gekommen, schon begab er sich nach Italien, um Mailand zu erobern.

Er sagte: um Mailand wiederzuerobern. Was seine Vorgänger auch schon, erfolglos, versucht hatten. In Marignano errang er einen großen Sieg.

Spätere Italienfeldzüge waren weniger erfolgreich – man denke an die unglücklichen Auseinandersetzungen mit Kaiser Karl V. bei Pavia. Aber Franz I. hatte den Geist der Renaissance geschnuppert und Gefallen daran gefunden. Während der ganzen Dauer seiner Herrschaft, von 1515 bis 1547, bemühte er sich, die Wissenschaften und die Künste zu fördern. Er bestellte die berühmtesten italienischen Maler an seinen Hof – Leonardo da Vinci starb in der Touraine – und verheiratete seinen zweiten Sohn, den zukünftigen Heinrich II., mit Katharina von Medici.

Dieser Fürstin haben die Frauen eine wesentliche Errungenschaft der Renaissance zu verdanken, einen bedeutenden Bestandteil ihrer Garderobe. Katharina liebte es, mit ihrem Schwiegervater auf die Jagd zu gehen. Wenn sie ein Pferd bestieg, tat sie es auf viel sportlichere Weise als ihre Zeit-

tive que ses contemporaines. Elle n'aimait pas s'installer sur une de ces selles moyen-âgeuses qui permettaient une station assise extrêmement décente – comme dans un fauteuil. Elle montait en Amazone et toutes les femmes de la cour voulurent l'imiter. Mais quelle indécence que toutes ces jupes qui volent et qui découvrent les mollets nus, les genoux et même les cuisses! Catherine se fit donc faire... des caleçons. Ce ne fut pas simple d'imposer ce vêtement. Après tout, il n'y avait pas si longtemps encore, Jeanne d'Arc avait été brûlée vive pour avoir porté des vêtements d'homme.

Le bon roi Henri

Si l'on effectuait un sondage pour établir la cote de popularité des hommes de l'histoire comme on le fait fréquemment pour les hommes politiques, il est à peu près certain qu'en France Henri IV viendrait en tête de liste. On se demande pourquoi l'histoire n'a retenu de ce personnage que son côté sympathique, débonnaire, généreux, bon vivant. N'aurait-on pas pu aussi bien lui reprocher son côté versatile ou opportuniste? Un homme politique d'aujourd'hui pourrait-il se permettre de changer de religion, simplement pour arriver à ses fins – pour conquérir le pouvoir? Henri IV l'a fait. «Paris vaut bien une messe», a-t-il dit.

Le Huguenot Henri de Navarre a voulu, en 1589, devenir le successeur d'Henri III. Mais personne ne voulait de lui: ni les catholiques, parce qu'il était huguenot, ni les protestants, parce qu'il était un traître. N'avait-il pas une première fois fait semblant de se convertir au catholicisme afin d'échapper au massacre de la Saint-Barthélemy?

110
111 Les portes de la capitale – qui était aux mains des catholiques – restaient désespérément fermées.

genossinnen. Sie setzte sich nicht auf den mittelalterlichen Damensattel, der ein überaus dezentes Sitzen – mit beiden Beinen nebeneinander – erlaubte. Sie setzte sich aufs Pferd wie eine Amazone, und alle Frauen am Hof wollten es ihr gleichtun. Aber welche Unschicklichkeit: all diese fliegenden Röcke, die den Blick auf die nackten Waden und Knie oder sogar Schenkel freigaben! Katharina ließ sich – Unterhosen schneidern. Es war nicht ganz einfach, dieses Kleidungsstück durchzusetzen. Schließlich war es noch gar nicht so lange her, daß die Jungfrau Johanna verbrannt wurde, weil sie Männerkleider getragen hatte.

Der gute König Henri

Wenn man eine Umfrage in Auftrag gäbe, um die Beliebtheit der Männer der Geschichte zu ermitteln, so wie man es häufig bei den Politikern macht, würde in Frankreich – das ist ziemlich sicher – Henri IV. an erster Stelle erscheinen. Man fragt sich, warum dieser König als nichts anderes denn als eine sympathische, gutmütige, großzügige, dem Leben aufgeschlossene Persönlichkeit in die Geschichte eingegangen ist. Hätte man ihm nicht auch seinen Wankelmut oder seinen Opportunismus vorwerfen können? Könnte es sich ein Politiker heute leisten, einfach seine Konfession zu wechseln, um an sein Ziel – die Macht – zu gelangen? Henri IV. hat es getan. Von ihm stammt der Satz: «Paris ist eine Messe wert».

Der Hugenotte Heinrich von Navarra wollte 1589 Nachfolger von Heinrich III. werden. Aber niemand wollte ihn. Die Katholiken nicht, weil er ein Hugenotte war, die Protestanten nicht, weil er ein Abtrünniger war:

Er hatte sich schon einmal scheinbar zum Katholizismus bekehrt, um den Morden der Bartholomäus-Nacht zu entrinnen.

Die Tore der Hauptstadt – die in den Händen der Katholiken war – blieben geschlossen. Was tun? Henri ist bereit,

Où est la solution? Henri est prêt à faire le «saut périlleux» comme il dit: prêt à se convertir.

Il faut reconnaître cependant que le pauvre Henri se trouvait aux prises avec un pays ruiné par trente ans de guerres de religion. A ses yeux, la conversion était le seul moyen de mettre fin à la guerre civile. Il abjura donc solennellement et put enfin être sacré, en février 1594, dans la cathédrale de Chartres (le gouverneur de Reims refusa de lui ouvrir sa cathédrale où, depuis Clovis, avait traditionnellement lieu le sacre des rois de France! Mais Chartres faisait bien l'affaire).

Après quoi Henri dut remettre son royaume sur le droit chemin. Ce ne fut pas une mince affaire. Pour rétablir la paix intérieure, il signa en 1598 le édit de Nantes. Ce fut un acte d'une grande portée politique et historique: pour la première fois un royaume adoptait le principe de la liberté religieuse.

Par ailleurs, Henri tente de redresser les finances de son pays et fait preuve d'une rare perspicacité en se faisant seconder par le ministre Sully. Un peu comme le chancelier Adenauer au lendemain de la Seconde guerre mondiale, pour qui le redressement de l'Allemagne ne pouvait se faire qu'avec l'aide du peuple, Henri IV songea d'abord au peuple, et à l'époque, cela voulait dire: aux paysans. «Pâturage et labourage sont les deux mamelles de la France», disait-il. Et Sully de prendre toute une série de mesures pour protéger les paysans: interdiction pour les nobles de chasser sur les terres cultivées, répression sévère de tout pillage par les soldats, interdiction de saisir les animaux et les outils de labour pour motif de non-paiement des impôts. Si l'on voulait que le pays se porte bien, il fallait que les paysans jouissent d'un niveau de vie acceptable et cela commençait par la nourriture: «Je veux que dans mon royaume chaque famille puisse mettre la poule au pot le dimanche.»

«einen salto mortale zu schlagen», wie er es nennt, und sich zu bekehren.

Man muß allerdings gestehen, daß sich der arme Heinrich einem Land gegenüber sieht, das nach dreißig Jahren Religionskrieg völlig ruiniert ist. Der Religionswechsel war in seinen Augen das einzige Mittel, dem Bürgerkrieg ein Ende zu setzen. Also trat er feierlich zum Katholizismus über und konnte schließlich im Februar 1594 in der Kathedrale von Chartres gesalbt werden. (Der Gouverneur von Reims hatte sich geweigert, ihm die Tore seiner Kathedrale zu öffnen, wo seit Chlodwig alle französischen Könige gekrönt wurden. Aber Chartres tat es auch!)

Nun mußte Henri sein armes Reich wieder auf den richtigen Weg bringen. Das war kein Kinderspiel. Um den inneren Frieden zu sichern, erließ er 1598 das Edikt von Nantes. Das war ein Akt von großer politischer und geschichtlicher Tragweite: Zum erstenmal machte sich ein Land das Prinzip der religiösen Freiheit zu eigen.

Im übrigen bemühte sich Henri, die Finanzen seines Landes in Ordnung zu bringen, und legte außerordentlichen Scharfsinn an den Tag, indem er sich Sully als Minister zur Seite holte. Ähnlich wie Adenauer, für den, nach dem Zweiten Weltkrieg, der Aufschwung Deutschlands nur mit Hilfe der «kleinen Leute» möglich war, dachte auch Henri IV. zunächst an diese, das hieß damals: an die Bauern.

«Weide und Ackerland sind die beiden Euter Frankreichs», erklärte er. Sully ergriff eine ganze Reihe von Maßnahmen, um die Bauern zu schützen: Den Adligen wird verboten, auf bebautem Land zu jagen, jegliches Plündern der Felder durch Soldaten wird streng bestraft, und es ist nicht gestattet, Vieh und Ackerwerkzeug wegen nicht bezahlter Steuern zu beschlagnahmen.

Wenn es dem Land gut gehen sollte, mußten die Bauern einen erträglichen Lebensstandard haben, und das begann mit der Ernährung: «Ich will, daß in meinem Reich jede Familie jeden Sonntag ein Huhn im Topf hat!»

Un roi populiste donc. Il ne manquait plus, pour asseoir la légende, qu'un dénouement spectaculaire, de préférence tragique. Qui se produisit le 13 mai 1610: un illuminé – un intégriste? – poignarda le roi alors qu'il se rendait au conseil des ministres.

Versailles et le Roi-Soleil

«L'Île de France fut le berceau de la galanterie... Il y a toujours une femme à l'origine d'un château», nous dit Roger Roumagnac. Vue sous cet angle, la mégalomanie du Roi-Soleil peut nous paraître véritablement sympathique.

La femme qui fut probablement à l'origine du château que Louis XIV entreprit de faire construire en 1661 à Versailles fut la jeune Eve de La Vallière. C'est elle que le roi voulut éblouir en édifiant un palais loin de Paris, au milieu des bois et des marécages. Il en fit dessiner les plans par l'architecte Le Vau. Mais les temps changent et les maîtresses passent. Lorsqu'en 1668 Louis XIV décida d'agrandir son palais et de le couvrir de fastueuses boiseries, de dorures et de fresques, son arrière-pensée galante était de conquérir l'admiration inconditionnelle de Madame de Montespan.

Cependant, le culte de la royauté n'est pas exclusivement l'œuvre des femmes, même au Grand Siècle. Jamais il n'a été poussé si loin qu'au château de Versailles, où le roi devint réellement le représentant de Dieu sur la terre. Princes et seigneurs tournaient autour de lui comme les planètes autour du soleil. Pendant les longues années de son règne, il parvint à faire jouer aux nobles le rôle de domestiques d'apparat. C'était une noblesse privilégiée qui habitait le château, mais une noblesse qui se contentait de jouer les figurants, de faire partie du décor, de manifester sa pré-

Ein populistischer König also. Damit eine Legende entstehen konnte, brauchte es nur noch einen spektakulären Abgang, am besten einen tragischen. Und der geschah am 13. Mai 1610. Ein Wahnsinniger – ein Integrist? – erstach den König auf dem Weg zum Ministerrat.

Versailles und der Sonnenkönig

«Die Île de France war die Wiege der Galanterie... Immer steht eine Frau am Ursprung eines Schlosses», behauptet Roger Roumagnac. Unter diesem Blickwinkel mag uns die Megalomanie des Sonnenkönigs geradezu liebenswert erscheinen.

Die Frau, die vermutlich für das Schloß von Versailles verantwortlich ist, das Ludwig XIV. im Jahre 1661 zu bauen begann, war die junge Mademoiselle de La Vallière. Sie war die Frau, die der König beeindrucken wollte, indem er fern von Paris, inmitten der Wälder und Sümpfe, einen Palast errichtete. Die Pläne dazu ließ er vom Architekten Le Vau zeichnen. Aber die Zeiten ändern sich, und die Maitressen wechseln. Als Ludwig XIV. 1668 beschloß, seinen Palast zu vergrößern und ihn über und über mit Holztäfelungen, Vergoldungen und Fresken zu bedecken, war sein galanter Hintergedanke der, die bedingungslose Bewunderung von Madame de Montespan zu erobern.

Der Kult des Königtums ist jedoch nicht nur das Werk von Frauen, auch nicht im «Grand Siècle», im 17. Jahrhundert. Nie ist dieser Kult so weit getrieben worden wie im Schloß von Versailles, wo der König regelrecht zum Vertreter Gottes auf Erden wurde. Fürsten und Herren kreisten um ihn herum wie die Planeten um die Sonne. Ludwig XIV. brachte es fertig, während der langen Jahre seiner Herrschaft den Adel die Rolle von Prunkdomestiken spielen zu lassen. Es war ein privilegierter Adel, der im Schloß wohnte, aber ein Adel, der zur Statisterie verdammt war, der lediglich zur Dekoration gehörte und seine Gegenwart nur durch

sence par mille petites ou grandes intrigues. Nous les imaginons comme des marionnettes s'agitant dans les salons, dans les couloirs et autour des bassins du parc.

Le parc! Il fut conçu par Le Nôtre, le plus grand jardinier-architecte de tous les temps. Il est aujourd'hui encore le modèle du jardin à la française aux formes géométriques parfaites, aux effets de perspective parfois ahurissants. Les pièces d'eau et les bassins accrochent la lumière et sont peuplés de mille statues mythologiques. Les labyrinthes de végétation sont les lieux privilégiés du badinage amoureux à la mode de l'époque.

Vers 1680, peu avant la mort de son épouse légitime, c'est Madame de Maintenon que Louis XIV cherche à éblouir. Il décide donc de remanier une fois encore son palais et d'en achever les ailes immenses. Il fait appel à l'architecte Hardouin-Mansart (le petit-neveu par alliance de l'architecte Mansart à qui l'on attribue, à tort semble-t-il, l'invention des mansardes!). C'est lui qui imagine la pièce la plus folle de l'architecture française: la galerie des Glaces, longue de 73 mètres, large de 10 et haute de 13.

Au fil d'une promenade à Versailles, c'est l'ombre de trois favorites que nous retrouvons à chaque pas...

Le calendrier de la Révolution

Au Ve siècle, les moines chrétiens se mirent à compter les années à partir de la naissance de Jésus-Christ. Ils furent imités dans tout l'Occident par tous ceux qui jugeaient nécessaire de mesurer le temps. Auparavant l'on comptait les années à partir de la fondation de Rome. Au début, l'année commençait encore le 1er mars et plus tard seule-

tausend kleine und große Intrigen kund tun konnte. Uns kommen diese Menschen vor wie Marionetten, die in den Salons, in den Gängen und rund um die Bassins im Park herumhampeln.

Der Park! Er wurde von Le Nôtre entworfen, dem größten Gartenarchitekten aller Zeiten. Er ist noch heute das Vorbild aller Gärten im französischen Stil mit seinen vollkommenen geometrischen Formen und den manchmal verblüffenden Perspektive-Effekten. Die Teiche und Wasserbecken fangen das Licht ein und sind mit tausend mythologischen Figuren bevölkert. Die Labyrinthe aus gestutzten Hecken sind die bevorzugten Plätze für die Liebesplänkelei, wie sie damals in Mode war.

Um 1680, kurz vor dem Tod seiner rechtmäßigen Gemahlin, ist Madame de Maintenon die Frau, der Ludwig XIV. Eindruck machen will. Er beschließt also, sein Schloß noch einmal umzubauen und die riesigen Seitenflügel zu vollenden. Diesmal wendet er sich an den Architekten Hardouin-Mansart (den angeheirateten Großneffen des Architekten Mansart, dem man, wohl zu Unrecht, die Erfindung der Mansarde zuschreibt). Er ist es, der sich den allerverrücktesten Raum der französischen Architektur ausgedacht hat: die 73 Meter lange, 10 Meter breite und 13 Meter hohe Spiegelgalerie.

Bei einem Spaziergang durch Versailles folgen wir auf Schritt und Tritt den Schatten dreier Favoritinnen...

Der Kalender der Revolution

Im 5. Jahrhundert begannen die christlichen Mönche, die Jahre von Christi Geburt an zu zählen – und ihnen folgten im ganzen Abendland alle Menschen, die überhaupt einer Zeitrechnung bedurften.

Zuvor hatten sie die Jahre von der Gründung Roms an gezählt. Jahresbeginn war zunächst noch, wie im alten Rom, der 1. März, erst später dann

ment le 1er janvier. Il était impossible d'imposer dans tous les pays un calcul identique et un même début d'année. C'est ainsi que très longtemps les calendriers différaient selon les pays, et même, à l'intérieur de la France, selon les régions. Ainsi, il pouvait arriver que les provinces du sud aient une année de retard sur Paris, tandis que les provinces de l'ouest avaient un an d'avance. Peu à peu, ce système a pourtant été unifié et le calendrier grégorien, tel que nous le connaissons aujourd'hui, s'est imposé partout ou l'influence de l'église catholique romaine était marquée.

Cependant les révolutionnaires considéraient le calendrier grégorien comme l'héritage maléfique d'une sombre époque. C'est pourquoi ils prirent la décision d'en instituer un nouveau pour bien montrer qu'avec la révolution une ère nouvelle et plus lumineuse avait commencé.

Le 24 novembre 1793, le nouveau Calendrier Républicain entra officiellement en vigueur. En France, l'année commençait dorénavant à l'équinoxe d'automne, le 22 septembre. L'An I fut inauguré le 22 septembre 1792, date à laquelle la Première République avait été instaurée. L'année était partagée en douze mois de trente jours chacun, plus cinq jours complémentaires (six les années bissextiles) qui devaient être consacrés à la célébration des grandes fêtes républicaines.

C'est le poète Fabre d'Eglantine (grand ami de Danton et de Camille Desmoulins), qui fut aussi député de Paris à la Convention, qui fut chargé d'inventer les noms nouveaux des mois de l'année. Pour l'automne il trouva vendémiaire (mois des vendanges), brumaire (des brumes) et frimaire (des frimas); pour l'hiver: nivôse (mois des neiges), pluviôse (des pluies) et ventôse (des vents); pour le printemps: germinal (de la germination), floréal (des fleurs) et prairial (des prairies); pour l'été:

einheitlich der 1. Januar. Es war unmöglich, Jahreszäh-
lung und Jahresbeginn auf einen Schlag in allen Ländern einzuführen, das heißt: es gab noch lange Zeit unterschiedliche
Kalender, innerhalb Frankreichs sogar zwischen den Provinzen. So konnte es geschehen, daß die südlichen Provinzen
ein Jahr Verspätung hatten im Vergleich zu Paris, während
die Provinzen im Westen ein Jahr voraus waren.

Allmäh-
lich wurde das System jedoch vereinheitlicht, und der gre-
gorianische Kalender, wie wir ihn heute kennen, setzte sich
überall im Einflußbereich der römisch-katholischen Kirche
durch.

Die Wortführer der Revolution von 1789 betrachteten
den gregorianischen Kalender jedoch als unheilvolle Hinterlassenschaft eines finsteren Zeitalters. Darum faßten sie
den Entschluß, einen neuen einzuführen, um deutlich zu
machen, daß mit der Revolution ein neues, helleres begonnen hatte.

Am 24. November 1793 trat der «Republikanische Kalender» in Kraft. Fortan sollte in Frankreich das neue Jahr mit
der Herbst-Tagundnachtgleiche am 22. September beginnen.
Der Beginn des Jahres I wurde auf den 22. September
1792 festgesetzt, auf den Tag, an dem die Erste Republik
gegründet worden war.

Das Jahr war in zwölf Monate
von jeweils dreißig Tagen eingeteilt; die fünf übrigen Tage
(sechs in Schaltjahren) wurden zur Feier der großen republikanischen Feste eingesetzt.

Der Dichter Fabre d'Eglantine (ein Freund von Danton
und Camille Desmoulins), der während der Convention auch
Abgeordneter von Paris war, wurde gebeten, die neuen Namen für die Monate zu erfinden.

Für die des Herbstes dich-
tete er: Vendémiaire, Brumaire, Frimaire – Monat der Wein-
ernte, des Nebels, des Rauhreifs; für den Winter: Nivôse,
Pluviôse, Ventôse – Monat des Schnees, des Regens, der
Winde; für den Frühling: Germinal, Floréal, Prairial – Monat der Keimung, der Blüten, der Wiesen; für den Sommer

messidor (des moissons), thermidor (de la chaleur et des bains) et fructidor (des fruits).

Le mois était divisé en trois décades et le nom des jours tiré directement de l'ordre naturel de la numération : primidi, duodi, tridi, quartidi, quintidi, sextidi, septidi, octidi, nonidi, décadi.

Ce calendrier a été appliqué pendant treize ans. Mais le 1er janvier 1806 (le 12 nivôse de l'an XIII) Napoléon décida de l'abandonner pour revenir à l'ancien usage conservé dans tous les autres pays d'Europe. Il n'est pas difficile d'en comprendre la raison... N'était-il pas plus glorieux de dater ses victoires au champ de bataille de manière à pouvoir les inculquer de la même façon à tous les enfants des écoles de l'Europe entière ?

Napoléon et la vendetta

Le jeune Corse Napoléon Bonaparte fait pour la première fois parler de lui au siège de Toulon en décembre 1793. La municipalité contrerévolutionnaire avait fait appel aux Anglais, qui avaient alors réellement occupé la ville et neutralisé les vaisseaux français. Le «petit caporal» les en chassa sous les coups d'artillerie.

En républicain convaincu, Napoléon se fait définitivement connaître en débarrassant la France de la menace royaliste en octobre 1795. Ayant compris qu'ils n'avaient plus aucune chance de revenir au pouvoir par la voie légale, les royalistes tentèrent un coup de force : 40000 d'entre eux prirent les armes en plein Paris.

Ils avaient compté sans la ruse et la détermination du jeune lieutenant Napoléon qui entoura les Tuileries de troupes et de canons. Les insurgés se firent prendre au piège. Lorsqu'ils se trouvèrent nez à nez avec Napoléon, celui-ci leur aurait lancé :

schließlich: Messidor, Thermidor, Fructidor – Monat der Ernte, der Hitze und des Badens, der Früchte.

Die Monate wiederum waren in drei Dekaden aufgeteilt, und die Namen der Tage wurden unmittelbar abgeleitet vom üblichen Dezimalsystem: primidi, duodi, tridi, quartidi, quintidi, sextidi, septidi, octidi, nonidi, decadi.

Dieser Kalender hatte dreizehn Jahre lang Gültigkeit. Am 1. Januar 1806 (dem 12. Nivôse des Jahres XIII) beschloß Napoleon jedoch, ihn abzuschaffen und zum alten zurückzukehren, der in allen anderen Ländern Europas beibehalten worden war. Es ist nicht schwer, den Grund dafür zu erkennen: War es nicht ruhmreicher, die Siege auf dem Schlachtfeld so zu datieren, daß alle Kinder aller Schulen in ganz Europa sie sich merken konnten?

Napoleon und die Vendetta

Zum erstenmal machte der junge Korse Napoleon Bonaparte bei der Belagerung von Toulon im Dezember 1793 von sich reden. Die gegenrevolutionäre Gemeindeverwaltung hatte die Engländer zu Hilfe gerufen, die tatsächlich die Stadt besetzt und die französischen Schiffe beschlagnahmt hatten. Dem «Petit Caporal», dem «kleinen Feldwebel», gelang es, die ausländischen Truppen unter Artilleriebeschuß zu nehmen und zu vertreiben.

Napoleon, der überzeugte Republikaner, festigte seinen Ruf, indem er im Oktober 1795 Frankreich von der royalistischen Bedrohung befreite. Als den Royalisten klar geworden war, daß sie keine Aussicht hatten, die Macht auf legalem Weg wiederzuerlangen, versuchten sie es mit einem Gewaltakt: 40000 von ihnen griffen in Paris zu den Waffen.

Sie hatten nicht mit der Klugheit und der Entschlossenheit des jungen Leutnants Bonaparte gerechnet: Er umstellte die Tuilerien mit Truppen und Kanonen. Die Aufständischen gingen in die Falle. Als sie Napoleon gegenüberstanden, soll dieser gesagt haben: «Meine Herren, ich habe den Auftrag,

«Messieurs, j'ai ordre de tirer sur la canaille. Que les honnêtes gens se retirent!». Peu de royalistes se sentirent directement visés et ce fut une hécatombe sur les marches de l'église Saint Roch.

C'est alors le début de l'irrésistible ascension du héros Napoléon. Par ses victoires successives en Italie et sa campagne en Orient, le terrain est préparé pour le coup d'Etat du 18 Brumaire (9 novembre 1799): c'est la fin de la révolution.

Nouvelles campagnes, nouvelles victoires: Napoléon est plébiscité Consul à vie en 1802. L'Angleterre s'inquiète et prépare un complot contre celui par qui la France devient une menace pour l'hégémonie britannique. Lorsque Napoléon apprend qu'un Bourbon – lequel? il n'en sait rien – prépare une insurrection pour reprendre le pouvoir, son sang de Corse ne fait qu'un tour. Si un Bourbon veut le supprimer, eh bien un Bourbon payera! Le sort tomba sur le plus jeune, le duc d'Enghien réfugié en Allemagne.

Le rôle que joua Talleyrand, d'abord dans l'enlèvement du jeune duc, puis dans son exécution, la nuit du 20 au 21 mars 1804, n'a jamais été complètement élucidé. Certains historiens pensent que par une exécution précipitée, il aurait voulu garantir que le Consul se salisse les mains du sang d'un Bourbon, de manière à ce que son nom soit définitivement lié à la Révolution.

Lié à la Révolution – oui, dans la mesure où celle-ci est contre la monarchie! Mais Révolution ne signifie pas république. Napoléon exauce le souhait de Talleyrand. Le 2 décembre il se fait proclamer empereur et sacrer par le pape Pie VII à Notre-Dame. «Pourvu que ça dure», aurait dit Létizia Bonaparte, sa mère. Avec l'accent corse, bien sûr.

auf die Kanaille zu schießen. Die anständigen Leute mögen sich zurückziehen.» Nur wenige Royalisten fühlten sich direkt angesprochen, und so starben sie auf den Treppen der Kirche Saint Roch wie die Fliegen.

Damit begann der unaufhaltsame Aufstieg des Kriegshelden Napoleon. Mit seinen wiederholten Siegen in Italien und seinem Feldzug im Orient bereitete er den Boden für den Staatsstreich am 18. Brumaire (9. November 1799): Nun war die Revolution endgültig vorbei.

Neue Feldzüge, neue Siege: 1802 wird Napoleon in einer Volksabstimmung mit großer Mehrheit zum Konsul auf Lebenszeit ernannt. England ist besorgt und schmiedet ein Komplott gegen den Mann, durch den Frankreich zu einer Bedrohung für die englische Vormachtstellung werden könnte. Als Napoleon erfährt, daß ein Bourbone – welcher? er hat keine Ahnung – einen Aufstand vorbereitet, schwellen ihm die korsischen Adern: Wenn ihn ein Bourbone umbringen will, dann muß auch ein Bourbone dran glauben. Napoleons Rache trifft den jüngsten, den Herzog von Enghien, der in Deutschland im Exil lebt.

Die Rolle, die Talleyrand spielte, zunächst bei der Entführung und dann bei der Hinrichtung in der Nacht vom 20. zum 21. März 1804, ist nicht völlig geklärt worden. Manche Historiker nehmen an, er wollte durch eine eilige Vollstreckung sicherstellen, daß der Konsul Napoleon sich die Hände mit dem Blut eines Bourbonen befleckte, auf daß sein Name endgültig mit der Revolution verbunden sei.

Mit der Revolution verbunden – insofern sie gegen das Königtum ist: einverstanden! Aber Revolution bedeutet nicht Republik. Napoleon erfüllte die Bitte Talleyrands. Am 2. Dezember ließ er sich von Papst Pius VII. in der Kirche Notre-Dame salben. «Hoffentlich hält das an!», soll Letitia Bonaparte, seine Mutter, gesagt haben. Mit korsischem Akzent natürlich.

Eh bien, ça n'a pas duré. La grande armée a encore été plusieurs fois victorieuse – mais pas tojours. La campagne de Russie est une catastrophe. Le 31 mars 1814, Napoléon est contraint d'abdiquer et de se retirer à l'île d'Elbe: les limites de son empire ont singulièrement rétréci!

Onze mois plus tard, l'ex-empereur tente le retour. «L'Aigle aux couleurs nationales volera de clocher en clocher jusqu'aux tours de Notre-Dame», dit-il lors de son débarquement à Golfe Juan, et fortes de leur vieil enthousiasme pour Napoléon, les régiments se mettent sous ses ordres. Il ne parvient cependant pas à regagner la confiance de tous, en particulier celle de l'administration, et les puissances étrangères ne tardent pas à se liguer contre lui.

Pour prévenir la concentration des armées britannique sous Wellington et prussienne sous Blücher, Napoléon entre en Belgique le 15 juin 1815. A «Waterloo, Waterloo morne plaine», il tente d'écraser Wellington. Mais c'est la pagaille – «comme une onde qui bout dans une urne trop pleine»! (Victor Hugo, qui a toujours eu un penchant pour les situations pathétiques, a décrit la bataille comme s'il y avait été!) C'est Blücher qui arrive, là où Napoléon attendait Grouchy...

Lorsqu'au soir de cette dramatique journée le général Cambronne, le commandant de la Grande Armée, est sommé de se rendre, il hurle le fameux mot de cinq lettres qui l'a rendu célèbre (curieusement, Victor Hugo n'en souffle mot...). Depuis ce temps-là, ceux parmi les Français qui tiennent à rester bien élevés même dans leur plus violente colère, ont la possibilité de remplacer un «merde» bien sonore par un non moins retentissant «Cambronne».

Es hat nicht angehalten. Die Große Armee ist noch mehrere Male siegreich – aber nicht immer. Der Feldzug nach Rußland wird zur Katastrophe. Am 31. März 1814 wird Napoleon gezwungen abzudanken und sich nach Elba zurückzuziehen: Die Grenzen seines Kaiserreiches sind mächtig geschrumpft!

Elf Monate später wagt der Ex-Kaiser die Rückkehr. «Der Adler mit den Nationalfarben wird von Kirchturm zu Kirchturm fliegen bis hin zu Notre-Dame», erklärt er bei seiner Landung in Golfe Juan,

und in ihrer alten Napoleon-Begeisterung stellen sich die Regimenter unter seinen Befehl. Es gelingt ihm freilich nicht, das Vertrauen aller wiederzuerlangen, vor allem nicht das der Verwaltung. Und die Großmächte warten nicht lange, bis sie sich erneut gegen ihn verbünden.

Um die britische Armee unter Wellington von der preußischen unter Blücher zu trennen, dringt Napoleon am 15. Juni 1815 in Belgien ein. In «Waterloo, Waterloo, der düsteren Ebene», versucht er, Wellington zu schlagen. Aber es geschieht ein Riesenschlamassel – «wie eine Flut, die in einer übervollen Urne kocht»! (Victor Hugo, der eine entschiedene Neigung zum Pathetischen hatte, beschrieb die Schlacht so, als ob er dabei gewesen wäre.) Dort, wo Napoleon seinen eigenen General Grouchy erwartet, taucht Blücher auf...

Als am Abend dieses dramatischen Tages der Befehlshaber der Alten Garde, General Cambronne, aufgefordert wurde, sich zu ergeben, brüllte er jenes Wort mit den fünf Buchstaben, das ihn berühmt gemacht hat. (Seltsamerweise erwähnt Victor Hugo es überhaupt nicht...) Seit dieser Zeit haben die Franzosen, die auch im schlimmsten Zorn wohlerzogen bleiben wollen, die Möglichkeit, ein lautes «merde!» durch ein nicht minder kraftvoll tönendes «Cambronne» zu ersetzen.

Le roi Louis-Philippe se montre de plus en plus intransigeant et ne reconnaît pour seul conseiller que son ministre Guizot. C'est en vain que le peuple réclame une réforme du droit de vote. En dernier recours, pour vaincre l'obstination du monarque, les partisans de la réforme décident de lancer une immense campagne de pétitions, qu'ils imaginent de faire signer lors de grands banquets au cours desquels des orateurs expliquent la nécessité des réformes. (C'était là la seule manière de contourner l'interdiction des réunions politiques.)

Le 22 février 1848, Guizot fait interdire le banquet prévu à Paris, auquel 87 députés s'étaient au préalable inscrits. Des barricades s'élèvent dans les quartiers populaires, et dans les jours qui viennent, la situation s'envenime. C'est la révolution – les Français en ont l'habitude. Le 25 février, Louis-Philippe est contraint d'abdiquer – il le fait au profit de son petit-fils. Mais le peuple n'en veut rien savoir.

La Seconde République qui vient de naître promet d'être pleine de poésie: Alphonse de Lamartine, le chantre des lacs et des grandes souffrances de l'âme, est l'un des membres de gouvernement provisoire. Dès le premier jour, son heure de gloire est arrivée: il prononce un discours plein de fougue pour défendre le drapeau tricolore au détriment du drapeau rouge, symbole de la terreur, que les révolutionnaires tentent de hisser sur l'Hôtel de Ville: «Je repousserai jusqu'à la mort ce drapeau de sang, et vous devriez le répudier plus que moi!» Et il parvient à retourner le peuple en quelques minutes.

Les premières mesures du gouvernement provisoire sont de décréter l'abolition de l'esclavage et d'instaurer le suffrage universel. (Universel si l'on considère que les femmes sont des quantités négligeables.) Désormais, tout Français de sexe mâle et

Die schönen Träume der Zweiten Republik

Der König Louis-Philippe läßt immer weniger mit sich reden
und erkennt als einzigen Berater nur noch seinen Minister
Guizot an. Erfolglos fordert das Volk eine Reform des Wahl-
rechts. Als letzte Lösung, um den Eigensinn des Monarchen
zu überwinden,
                    beschließen die Befürworter der Reform,
eine großangelegte Petitionskampagne zu veranstalten. Die
Unterschriften sollen anläßlich großer Festessen gesammelt
werden, bei denen Tischredner die Notwendigkeit der Refor-
men erklären. (Das war die einzige Möglichkeit, das Verbot
politischer Versammlungen zu umgehen.)
    Am 22. Februar 1848 verbietet Guizot das in Paris vorge-
sehene Bankett, zu dem sich 87 Abgeordnete angemeldet
hatten. In den Arbeitervierteln werden Barrikaden errichtet.
In den folgenden Tagen verschärft sich die Lage. Es herrscht
Revolution – die Franzosen sind daran gewöhnt. Am 25.
Februar ist Louis-Philippe gezwungen abzudanken. Er tut es
zugunsten seines Enkels. Aber davon will das Volk nichts
wissen.
    Die soeben entstandene Zweite Republik verspricht eini-
germaßen poetisch zu sein. Der Dichter Alphonse de Lamartine, der die Seen und die großen Schmerzen der Seele so
schön besungen hat, wird Mitglied der vorläufigen Regierung. Gleich am ersten Tag hat für ihn die Stunde des
Ruhms geschlagen:
                    Er hält eine feurige Rede, um die Triko-
lore zu verteidigen gegen die rote Fahne, das Symbol des
Terrors, die die Revolutionäre auf dem Pariser Rathaus his-
sen wollen: «Bis zum Tode werde ich diese Blutfahne zu-
rückweisen, und ihr solltet sie noch mehr verabscheuen als
ich!» Innerhalb von wenigen Minuten gelingt es ihm, das
Volk umzustimmen.
    Die ersten Maßnahmen der vorläufigen Regierung beste-
hen darin, die Sklaverei abzuschaffen und das allgemeine
Wahlrecht einzuführen. (Allgemein, wenn man die Frauen
als lauter Quantités négligeables betrachtet.) Fortan können

âgé de 21 ans peut voter, et tout Français de 25 ans est éligible. Du coup, le nombre d'électeurs passe de 200 000 à plus de neuf millions.

Cependant, le problème le plus grave est la crise économique et la misère qu'elle engendre. Dès le 26 février, le gouvernement provisoire doit garantir le droit au travail à tous les citoyens. Pour ce faire, il crée les Ateliers nationaux et limite le temps de travail à dix heures par jour. Dans ces Ateliers sont admis tous ceux qui se présentent; ils sont répartis en brigades, et quel que soit leur métier, on leur demande de faire des travaux de terrassement sur les grands chantiers parisiens, celui de la gare Saint-Lazare et de la gare Montparnasse en particulier. Ils sont payées 2 F par jour.

Dès le premier jour, 10 000 ouvriers sont au rendez-vous, et leur nombre augmente sans cesse tant qu'il y a effectivement du travail. Puis on établit un roulement: 2 F pour ceux qui travaillent, 1,50 F pour ceux qui sont en chômage technique. Quelle aubaine! A la mi-avril ils sont plus de 60 000, en mai près de 120 000. On diminue alors les salaires et les indemnités et on tente d'ouvrir des Ateliers en province. Mais c'est le gouffre. Les caisses de l'Etat se vident à une vitesse si vertigineuse que la fermeture de ces Ateliers est décidée le 21 juin. Ce qui provoque, c'était à prévoir, un soulèvement général. Nouvelles barricades, nouvelles batailles des rues. Des milliers de morts et de prisonniers.

Au plus fort de l'été 48, la France est coupée en deux: d'une part les ouvriers aigris par l'échec socialiste, d'autre part les bourgeois et les paysans, épouvantés par la révolte, et qui n'aspirent qu'à une chose: à l'ordre!

C'est dans cet esprit qu'ont lieu les premières élections au suffrage universel. Le tribun romantique – faut-il s'en étonner? – ne devient pas Président de la République; il réunit moins de 8 000

alle Franzosen, die das Alter von 21 Jahren erreicht haben, wählen, und alle sind mit 25 Jahren wählbar. So wächst die Zahl der Wähler mit einem Schlag von 200 000 auf über neun Millionen.

Aber das eigentlich große Problem ist die Wirtschaftskrise und das damit verbundene Elend. Schon am 26. Februar muß die vorläufige Regierung das Recht auf Arbeit für alle Bürger garantieren. Um dieses Recht zu verwirklichen, gründet sie sogenannte Staatswerkstätten und beschränkt die Arbeitszeit auf zehn Stunden pro Tag. In diesen Werkstätten werden alle aufgenommen, die sich melden. Sie werden in Brigaden eingeteilt und für Erdarbeiten auf den großen Pariser Baustellen eingesetzt (vor allem auf den Baustellen der Bahnhöfe Saint-Lazare und Montparnasse), egal, was sie von Beruf sind. Jeder bekommt zwei Francs Lohn pro Tag.

Schon am ersten Tag melden sich 10 000 Arbeitswillige, und die Zahl steigt unausgesetzt, solange es wirklich Arbeit gibt. Danach wird eine Art Schicht eingerichtet: 2 Francs für die, die arbeiten, 1,50 für die Bereitschaftsdienstleistenden. So ein Glück! Mitte April sind es schon mehr als 60 000, im Mai dann fast 120 000.

Daraufhin werden die Löhne und Tagegelder gekürzt. Man versucht, Werkstätten in der Provinz einzurichten. Aber es ist ein Faß ohne Boden. Die Staatskassen leeren sich mit einer so atemberaubenden Geschwindigkeit, daß die Werkstätten am 21. Juni geschlossen werden müssen. Was einen allgemeinen Aufstand zur Folge hat – das war vorauszusehen! Wieder Barrikaden, wieder Straßenschlachten. Tausende von Toten und Festnahmen.

Im Hochsommer 1848 ist Frankreich zweigeteilt: auf der einen Seite die Arbeiterschaft, die wegen des Scheiterns der sozialistischen Maßnahmen verbittert ist, auf der anderen das Bürgertum und die Bauern, die von dem Aufruhr in Angst und Schrecken versetzt worden sind und die nur eines im Sinn haben: Ordnung.

In dieser Stimmung finden die ersten allgemeinen Wahlen statt. Der romantische Volkstribun – wen wundert's? – wird nicht Präsident der Republik. Er erhält weniger als 8000

suffrages... contre cinq millions et demi pour Louis-Napoléon Bonaparte, le neveu de l'empereur.

Mac-Mahon et l'ordre moral

Les trois dernières décennies du XIXe siècle sont pour la France une période de désordre et de désarroi. Lorsqu'en juillet 1870 Napoléon III déclare la guerre à la Prusse, son pays est loin d'être prêt à l'assumer. Même sans les maladresses du chef de l'Etat-major Mac-Mahon, cette guerre était perdue d'avance. On se souvient de l'uniforme des soldats français! Avec leurs culottes rouges ils furent à Reichshoffen des cibles dignes d'une baraque foraine!

La reddition de Sedan provoqua la déchéance de Napoléon III. La république – la troisième – fut proclamée et un gouvernement de Défense nationale constitué. Dans un premier temps, on était prêt à négocier avec la Prusse, mais les exigences de Bismarck étaient vraiment inacceptables. Strasbourg, l'Alsace, le nord de la Lorraine – à cause du minerai de fer – passe encore. Mais ce requin voulait en plus le Fort du Mont Valérien, aux portes de Paris, pour y installer des troupes allemandes. Non mais!

Ce fut alors le siège de Paris. Il dura quatre mois et s'acheva, le 23 janvier 1871, par une véritable capitulation, entérinée le 10 mai par le traité de Francfort. C'en était trop pour les Parisiens qui, exaspérés par la famine du siège et les maladresses du gouvernement, supportèrent mal de voir les Prussiens se promener sur les Champs-Elysées. Ils se soulevèrent et Paris vécut alors les deux mois les plus sanglants de son histoire.

Thiers entreprit le second siège de Paris et avec ce qui restait de l'armée de l'Est, il écrasa l'insurrec-

Stimmen. Fünfeinhalb Millionen gehen an Louis-Napoléon Bonaparte, den Neffen des Kaisers.

Mac-Mahon und die sittliche Ordnung

Das letzte Drittel des 19. Jahrhunderts ist für Frankreich eine Zeit der Unordnung und der Wirrnisse. Als Kaiser Napoleon III. im Juli 1870 Preußen den Krieg erklärt, ist sein Land in Wahrheit nicht kriegsbereit. Auch ohne die Unfähigkeit des französischen Oberkommandierenden Mac-Mahon wäre der Krieg von vornherein verloren gewesen. Man denke nur an die Uniform der französischen Soldaten. Die waren in ihren roten Hosen bei der Schlacht von Reichshoffen Zielscheiben, wie es in keiner Schießbude schönere gibt!

Die Niederlage in der Schlacht von Sedan hatte die Absetzung von Napoleon III. zur Folge. Die Republik – die dritte – wurde ausgerufen, und es wurde eine Regierung zur Nationalen Verteidigung gebildet. Zunächst war man bereit, mit Preußen zu verhandeln, aber Bismarcks Forderungen waren denn doch unannehmbar. Daß der Straßburg wollte, das Elsass, den Norden Lothringens – des Eisens wegen –, das ging ja noch! Aber dieser Halsabschneider verlangte auch das Fort von Mont Valérien, vor den Toren von Paris, um dort deutsche Truppen zu stationieren. Eine Unverschämtheit!

So kam es zur Belagerung von Paris. Sie dauerte vier Monate und ging am 23. Januar 1871 mit einer regelrechten Kapitulation zu Ende, die am 10. Mai 1871 durch den Vertrag von Frankfurt bestätigt wurde. Das war zu viel für die Pariser Bevölkerung, die durch das Hungerleiden während der Belagerung und die Ungeschicklichkeiten der republikanischen Regierung aufgebracht war und es nicht ertragen konnte, daß die Preußen auf den Champs-Elysées herumspazierten. Es kam zu einem Aufstand, und Paris erlebte die zwei blutigsten Monate seiner Geschichte.

Adolphe Thiers unternahm die zweite Belagerung von Paris, und es gelang ihm mit nie dagewesener Brutalität

tion avec une brutalité sans précédent. Résultat: 17 000 morts et 36 000 prisonniers condamnés à la déportation ou aux travaux forcés. La tentative de rétablir une fois de plus la royauté échoua, le fils de Bourbon Henri V ne pouvant se résoudre à accepter le drapeau tricolore, symbole de la révolution. Mac-Mahon, quant à lui, pensait que le rétablissement du drapeau blanc risquait fort de provoquer de nouvelles émeutes – et en profita pour se faire élire président de la République.

Le général Mac-Mahon avait beaucoup de prestance: grand, mince, très sûr de son charme, il aurait remporté des majorités écrasantes si les femmes, à l'époque, avaient, eu le droit de vote. Il adorait poser pour les photographes en grande tenue et à cheval – ce qui fit dire aux mauvaises langues que son cheval paraissait très intelligent. Ce ne sont pas les femmes, mais les notables qui optèrent pour lui, car il leur avait promis de rétablir en France «l'ordre moral».

Le président Mac-Mahon était particulièrement doué pour inventer des bons mots – parfaitement involontaires. Lorsqu'après les terribles inondations de la Garonne en 1875 il se rendit à Toulouse pour manifester sa sympathie aux sinistrés, il ne cessa de répéter: «Que d'eau, que d'eau!»

Lorsqu'un jour il voulut retenir à dîner son ami le général Ducrot et que celui-ci refusa l'invitation – «parce que je vais voir *Hernani*» – Mac-Mahon lui proposa gentiment de mettre un couvert de plus: après tout, «les amis de mes amis sont aussi mes amis!»

Une autre fois, il alla visiter un hôpital et s'arrêta au chevet d'un homme atteint de la typhoïde. Plein de compassion, il confia au malade: «C'est terrible, la typhoïde, et je sais de quoi je parle, je l'ai eue; soit on en meurt, soit on en reste idiot.»

und mit Hilfe der Überreste der Ostarmee, den Aufstand niederzuschlagen. Das Ergebnis waren 17000 Tote und 36000 Gefangene, die zur Deportation oder zur Zwangsarbeit verurteilt wurden. Ein erneuter Versuch, die Monarchie wiederherzustellen, mißlang, weil der Bourbonensproß Heinrich V. sich nicht entschließen konnte, die Trikolore, das Symbol der Revolution, als Flagge des Königreiches zu übernehmen. Mac-Mahon wiederum war der Meinung, daß die Wiedereinführung der weißen Fahne der Bourbonen den nächsten Aufstand auslösen würde – und nutzte die Lage, um sich zum Präsidenten der Republik ernennen zu lassen.

Der General Mac-Mahon war ein ansehnlicher Mann: groß, schlank, seines Charmes sicher. Wenn die Frauen bereits das Wahlrecht gehabt hätten, hätte er gewaltige Mehrheiten bekommen. Er liebte es, zu Pferd in Galauniform für die Photographen zu posieren – was böse Zungen dazu verleitete zu sagen, sein Pferd sehe besonders intelligent aus. Nun, es waren nicht die Frauen, sondern die Notabeln, die ihn auserkoren, weil er versprochen hatte, in Frankreich «die sittliche Ordnung» wiederherzustellen.

Der Präsident Mac-Mahon hatte eine ganz besondere Begabung für ungewollte Bon-mots. Als er 1875, nach den schweren Überschwemmungen der Garonne, nach Toulouse reiste, um den Opfern sein Mitgefühl zu bekunden, wiederholte er immer nur: «So viel Wasser! Unglaublich, so viel Wasser!»

Als er einmal seinen Freund General Ducrot zum Abendessen einladen wollte und dieser absagte – «weil ich *Hernani* sehen will» – bot ihm Mac-Mahon an, ein Gedeck mehr aufzulegen: «Bringen Sie ihn mit, die Freunde meiner Freunde sind auch meine Freunde». [*Hernani* ist ein Theaterstück von Victor Hugo.]

Eines Tages ging er ein Krankenhaus besichtigen und blieb am Bett eines Typhuskranken stehen. Voller Mitgefühl erklärte er dem Patienten: «Typhus ist schrecklich, ich weiß wovon ich rede, ich habe Typhus gehabt; entweder man stirbt daran, oder man wird schwachsinnig.»

A l'automne 1884, c'est l'émoi au Ministère de la Guerre. Depuis quelques temps, Madame Bastian, femme de ménage à l'ambassade d'Allemagne à Paris, découvre dans les corbeilles à papier de l'attaché militaire, le lieutenant-colonel Schwarzkoppen, les traces d'une correspondance suspecte qu'elle transmet au Service des Renseignements. Une chose est certaine: au sein du corps des officiers français, il y a un espion. N'a-t-elle pas trouvé là une feuille déchirée, une lettre-bordereau non signée, par laquelle le traître annonce des documents importants qu'il fait parvenir aux Allemands? Une enquête prouve que le coupable est un jeune capitaine de l'état-major âgé de trente-cinq ans et originaire de Mulhouse en Alsace. Un Juif.

Le suspect, Alfred Dreyfus, est arrêté. Il conteste sa culpabilité et refuse de faire usage du pistolet qu'on met discrètement à sa disposition. Mais dans une scéance à huis-clos, le tribunal de guerre le condamne à la déportation à vie et à la dégradation militaire. Et le voilà parti pour l'Île du Diable. La vilaine affaire semble classée.

Erreur. Elle ne fait que commencer. L'opinion s'en mêle. A-t-on condamné un innocent, parce qu'il fallait un bouc émissaire? Ou parce qu'l'on voulait se débarrasser de ce petit Juif, le premier qui avait accédé à l'état-major?

Le débat s'envenime. Il y a d'une part les partisans de l'ordre, pour qui l'armée a nécessairement raison, et d'autre part, ceux pour qui la justice passe avant tout.

En 1898 Emile Zola publie dans *L'Aurore* sa célèbre lettre ouverte au Président de la République, «J'accuse», où il attaque violemment l'état-major. Il est condamné à un an de prison et 3000 francs d'amende, et il est radié de la Légion d'Honneur.

Jude und Elsässer...

Im Herbst 1884 herrscht im französischen Kriegsministerium helle Aufregung. Seit einiger Zeit entdeckt Madame Bastian, Putzfrau bei der Deutschen Botschaft in Paris, Spuren eines verdächtigen Briefwechsels im Papierkorb des Militärattachés, Oberstleutnant Schwarzkoppen. Sie liefert sie beim Spionagedienst ab.

Eines ist sicher: Im französischen Offizierskorps gibt es einen Verräter. Hat Madame Bastian da doch ein zerrissenes Blatt Papier gefunden, einen nicht unterzeichneten Begleitbrief, mit dem der Verräter den Deutschen wichtige Dokumente ankündigt! Die Untersuchung erbringt den Nachweis, daß der Schuldige ein junger Hauptmann des Generalstabs ist, ein fünfunddreißigjähriger Mann, der aus Mühlhausen im Elsass stammt. Ein Jude.

Alfred Dreyfus, der Verdächtige, wird verhaftet. Er bestreitet seine Schuld und weigert sich, von der Pistole Gebrauch zu machen, die man ihm diskret zur Verfügung stellt. Aber das Kriegsgericht verurteilt ihn in nichtöffentlicher Sitzung zu lebenslänglicher Deportation und Aberkennung der militärischen Ehren. Und schon ist er unterwegs zur Teufelsinsel. Die häßliche Affäre scheint aus der Welt zu sein.

Irrtum. Sie fängt erst richtig an. Die Öffentlichkeit mischt sich ein. Hat man einen Unschuldigen verurteilt, weil man einen Sündenbock brauchte? Oder weil man diesen kleinen Juden loswerden wollte, den ersten, der es geschafft hatte, sich in den Generalstab hochzuarbeiten? Der Streit wird immer hitziger. Auf der einen Seite stehen die Befürworter der Ordnung, für die das Militär auf jeden Fall recht hat, auf der anderen Seite diejenigen, für die Gerechtigkeit oberstes Gebot ist.

1898 veröffentlicht Emile Zola in der Tageszeitung L'Aurore seinen berühmten offenen Brief an den Präsidenten der Republik – «Ich klage an» –, in dem er den Generalstab heftig angreift. Zola wird zu einem Jahr Gefängnis und 3000 Francs Strafe verurteilt und von der Ehrenlegion gestrichen.

Mais le procès est dorénavant porté devant l'opinion publique.

Pour finir, la France entière prend position dans cette lutte entre la raison d'Etat et les droits de l'homme. Le combat est serré entre *Dreyfusards* et *Antidreyfusards.*

La cassation du jugement en 1906 et la réhabilitation de Dreyfus signifient la victoire des pouvoirs civils sur l'armée. La Troisième République a enfin fait ses preuves. Mais celui qui vient d'être acquitté après plus de vingt ans préfère se retirer. Il sait que depuis longtemps cette affaire ne concernait plus sa personne.

Un Européen avant l'heure

Originaire d'une famille modeste, Aristide Briand, qui fut d'abord avocat et journaliste et qui fonda avec Jean Jaurès le Parti socialiste français, fit une carrière politique exceptionnelle. En 1902, à l'âge de 40 ans, il est élu député de Saint-Etienne et le restera jusqu'en 1919. Ensuite, et jusqu'à sa mort, il sera député de la Loire-Inférieure. Au Palais-Bourbon, il se fait remarquer par ses qualités d'orateur, et Jaurès dira de lui qu'il est un «grand maître de la tribune parlementaire». A partir de 1906 il est ministre à vingt-trois reprises, dont quinze fois aux Affaires étrangères.

C'est à la tribune de la Société des Nations que Briand connaîtra une audience allant bien au-delà des frontières, et sa carrière internationale débutera véritablement au lendemain de la Première guerre mondiale. Il est aux Affaires étrangères en 1921, mais déjà, il se montre conciliant à l'égard de l'Allemagne, en particulier sur le problème des réparations de guerre: à l'issue de la Conférence de Cannes en 1922, il perd son portefeuille. Cepen-

Aber fortan findet der Prozeß vor der breiten Öffentlichkeit statt.

Schließlich bezieht ganz Frankreich Stellung in diesem Kampf zwischen Staatsräson und Menschenrechten. Die Auseinandersetzung zwischen *Dreyfusarden* und *Antidreyfusarden* ist unerbittlich.

Die Aufhebung des Urteils im Jahre 1906 und die Rehabilitierung Dreyfus' bedeuten den Sieg der Zivilgewalt über die Armee: Die Dritte Republik hat sich endlich bewährt. Aber der Mann, der nach über zwanzig Jahren freigesprochen wurde, zieht sich lieber zurück. Er weiß, daß es in dieser Affäre schon lange nicht mehr um seine Person gegangen ist.

Ein vorzeitiger Europäer

Der aus einfachen Verhältnissen stammende Aristide Briand, der zunächst Rechtsanwalt und Journalist war und mit Jean Jaurès die französische Sozialistische Partei gründete, machte eine außergewöhnliche politische Karriere. 1902, im Alter von 40 Jahren, wird er Abgeordneter von Saint-Etienne und bleibt es bis 1919. Danach und bis zu seinem Tode ist er Abgeordneter des Départements Loire-Inférieure. Als Parlamentarier im Palais-Bourbon fällt er von Anfang an wegen seiner Begabung als Redner auf, und Jaurès nennt ihn später «den großen Meister der parlamentarischen Tribüne». Von 1906 an ist er dreiundzwanzigmal Minister, davon fünfzehnmal Außenminister.

Aber erst auf der Tribüne des Völkerbundes findet Briand weit über die Grenzen seines Landes hinaus Beachtung; seine internationale Karriere beginnt erst nach dem Ersten Weltkrieg so richtig.

1921 ist er Außenminister. Er zeigt sich von Anfang an Deutschland gegenüber konziliant, insbesondere was das Problem der Reparationen betrifft. Nach der Konferenz von Cannes 1922 wird er von Poincaré zurückgepfiffen. Aber die Pause dauert nicht lange. Noch im selben

dant, la trève est de courte durée; la même année, le successeur de Poincaré le rappelle au quai d'Orsay. Il est alors l'artisan des accords de Locarno, bâtis sur le rapprochement franco-allemand et l'acceptation de conventions d'arbitrage entre les anciens adversaires.

«Croyez-vous que je suis allé sans émotion à ce rendez-vous, au bord d'un lac, où je devais rencontrer des ministres allemands? Croyez-vous que je n'éprouvais pas les sentiments les plus complexes et les plus profonds? J'y suis allé, ils y sont venus, et nous avons parlé européen. C'est une langue nouvelle qu'il faudra bien que l'on apprenne.» Avec son éloquence habituelle, Briand se défend contre ceux qui lui reprochent une trop grande indulgence à l'égard de l'ennemi héréditaire.

De 1926 à 1932, toujours aux Affaires étrangères, Briand appuie l'entrée de l'Allemagne à la Société des Nations, où elle obtient un siège au Conseil permanent. Partisan sincère de la paix, il rencontre secrètement à Thoiry son homologue allemand Gustav Stresemann, à qui il fait des concessions importantes (dont l'évacuation de la Rhénanie) en échange d'avantages financiers pour la France.

Certes, les opposants d'Aristide Briand sont nombreux, mais il poursuit inlassablement son œuvre pacifique, qui culmine en 1928 avec le pacte de renonciation générale à la guerre, dit pacte Briand-Kellog, signé par soixante nations. Nombreux sont ceux qui, dans le monde entier, le considèrent comme «l'apôtre de la paix». Il n'aura pas le temps – heureusement pour lui – de voir son rêve européen s'écrouler. Il meurt en 1932.

Jahr ruft ihn der Nachfolger Poincarés wieder ins Ministerium am Quai d'Orsay. Dort setzt sich Briand für das Zustandekommen der Verträge von Locarno ein, die auf die deutsch-französische Annäherung bauen und Schlichtungsvereinbarungen zwischen den ehemaligen Gegnern vorsehen.

«Meinen Sie, daß ich ohne Erschütterung zu dieser Begegnung an die Ufer eines Sees gefahren bin, wo ich deutsche Minister treffen sollte? Meinen Sie, daß ich dabei nicht die verwirrendsten und tiefsten Gefühle empfunden habe? Ich bin dort hingefahren, und die Deutschen sind dorthin gekommen, und wir haben Europäisch gesprochen. Das ist eine neue Sprache, die man wird lernen müssen.» Mit seiner gewohnten Eloquenz verteidigt sich Briand gegen diejenigen, die ihm zu große Nachsicht dem Erbfeind gegenüber vorwerfen.

Zwischen 1926 und 1932 setzt sich Briand, der noch immer im Außenministerium amtiert, für den Eintritt Deutschlands in den Völkerbund ein, wo es tatsächlich einen Sitz im Ständigen Rat erhält. Als aufrichtiger Verfechter des Friedens trifft sich Briand heimlich in Thoiry mit seinem deutschen Kollegen Gustav Stresemann, dem er bedeutende Zugeständnisse macht (so verspricht er ihm den Rückzug der Franzosen aus dem Rheinland) im Tausch gegen finanzielle Vorteile für Frankreich.

Gewiß, Aristide Briand hat viele Gegner, aber er verfolgt unbeirrbar sein Friedenswerk, das 1928 seinen Höhepunkt erreicht mit dem sogenannten Briand-Kellog-Pakt, der den allgemeinen Verzicht auf Krieg zum Inhalt hat. Der Vertrag wird von sechzig Nationen unterzeichnet. Überall in der Welt sieht man in Briand den «Apostel des Friedens». Zum Glück für ihn erlebt er nicht mehr, wie sein europäischer Traum zusammenbricht. Er stirbt 1932.

Le 10 mai 1940, Hitler engage son formidable
«Blitzkrieg» contre la France. Les divisions de blin-
dés traversent la frontière belge et atteignent Sedan le 14 mai. Le 18, elles sont prêtes à foncer sur
Paris. «Le 30 mai, la bataille est virtuellement perdue», écrit de Gaulle dans ses *Mémoires de guerre*.
Début juin, c'est la panique de la débâcle. Le 7, de
Gaulle est appelé au ministère en tant que sous-
secrétaire d'Etat à la défense. Il fait partie du gouvernement de la République pendant 11 jours et
n'aura même pas le loisir d'assister à un seul conseil
des ministres. Le 17 juin, alors que le front français s'effondre, il part à Londres pour exposer ses
intentions à Winston Churchill qui lui promet
son aide – à laquelle de Gaulle décide de recourir
quand le gouvernement français aura demandé l'ar-
mistice. Ce qui fut fait le jour même. Le lendemain,
à 18 heures, de Gaulle lit devant les micros de la
BBC son fameux *Appel, à tous les Français*:

«La France a perdu une bataille!

Mais la France n'a pas perdu la guerre!»

Il s'agit maintenant de convaincre les politiques
du monde entier que la France, la vraie, la légitime,
est la France Libre, la France de l'exil, la France de
tous ceux qui disent non à la servitude et à la col-
laboration avec l'ennemi. Vaste programme!

Le professeur René Cassin, juriste notoire, fut
l'un des premiers à rallier la France Libre. Il arrive
à Londres dès le 22 juin et de Gaulle jubile: «Vous
tombez à pic», s'écrie-t-il, et il lui confie l'une des
tâches les plus urgentes: rédiger – et faire approu-
ver par Churchill – l'acte de reconnaissance du
Général de Gaulle et de ses effectifs militaires dé-
risoires, jeter les bases d'un traité d'alliance entre
la France Libre et le gouvernement de Sa Majesté.
De Gaulle précise:

140
141

Charles Ohneland

Am 10. Mai 1940 beginnt Hitler den Blitzkrieg gegen Frankreich. Seine Panzerdivisionen rollen über die belgische Grenze und erreichen Sedan am 14. Mai. Am 18. sind sie bereit, auf Paris zu marschieren. «Am 30. Mai ist die Schlacht theoretisch verloren», schreibt de Gaulle in seinen *Kriegserinnerungen.* Anfang Juni herrscht in Frankreich die Panik des Zusammenbruchs. Am 7. wird de Gaulle als Unterstaatssekretär ins Verteidigungsministerium berufen. Ganze elf Tage gehört er der Regierung der Republik an, zu kurz, um auch nur an einer einzigen Ministerratssitzung teilzunehmen. Am 17. Juni, während die französische Front völlig zusammenbricht, fliegt er nach London und unterbreitet Winston Churchill seine Pläne. Dieser verspricht ihm seine Unterstützung, und de Gaulle beschließt, darauf zurückzugreifen, sobald die französische Regierung den Waffenstillstand beantragen würde. Was noch am selben Tag geschah. Am folgenden Tag verliest de Gaulle um 18 Uhr vor den Mikrophonen der BBC seinen berühmten *Appell an alle Franzosen*:

«Frankreich hat eine Schlacht verloren!

Aber Frankreich hat nicht den Krieg verloren!»

Nun gilt es, die Politiker aller Welt davon zu überzeugen, daß das wahre, legitime Frankreich das Freie Frankreich ist, das Frankreich des Exils, das Frankreich derer, die nein sagen zur Knechtschaft und zur Kollaboration mit dem Feind. Ein gewaltiges Vorhaben!

Der berühmte Jurist Professor René Cassin ist einer der ersten, die sich dem Freien Frankreich anschließen. Er kommt am 22. Juni in London an. De Gaulle jubelt «Sie kommen wie gerufen!» und betraut ihn mit einer der vordringlichsten Aufgaben: Er soll die Anerkennungsurkunde für den General de Gaulle und seinen lächerlichen militärischen Anhang formulieren – und von Churchill genehmigen lassen – und somit die Grundlage für einen Bündnisvertrag zwischen dem Freien Frankreich und der Regierung Seiner Majestät schaffen. De Gaulle pocht auf das Entscheidende:

– Vous m'avez bien compris, Cassin: nous ne sommes pas une légion étrangère de l'armée britannique!

– Bien entendu, mon Général. Nous sommes l'armée française.

– Non, Cassin, répondit de Gaulle. Nous sommes la France!

Le biographe Jean Lacouture surnomme le de Gaulle de la France Libre «Charles sans Terre», en se référant peut-être au personnage d'Ivan Goll, *Jean sans Terre;* mais très certainement à l'Anglais Jean sans Terre, celui qui épousa Isabelle d'Angoulême et qui perdit tous ses territoires français en 1202.

Les rapports entre Churchill et de Gaulle ne sont pas toujours au beau fixe, loin de là. Nombreux sont ceux qui se souviennent d'avoir été les témoins de scènes orageuses entre les deux chefs d'Etat. Un jour, en 1942, excédé par l'insolente folie des grandeurs du Général, Churchill explose:

– Mais enfin, ce que vous dites là est insensé! Vous vous prenez pour la France?

Et de Gaulle de répliquer calmement:

– Si je ne suis pas la France, pourquoi discutez-vous avec moi?

«Sie haben mich doch richtig verstanden, Cassin: Wir sind also nicht etwa eine Fremdenlegion der britischen Armee!»

«Selbstverständlich, General. Wir sind die französische Armee.»

«Nein, Cassin», erwiderte de Gaulle. «Wir sind Frankreich!»

Der Biograph Jean Lacouture nennt den de Gaulle der France Libre «Charles sans Terre», «Karl Ohneland»; er spielt vielleicht auf Yvan Golls *Jean sans Terre* an, ganz sicher aber auf jenen Engländer Jean sans Terre, der Isabelle d'Angoulême geheiratet und im Jahre 1202 alle seine französischen Gebiete verloren hat.

Die Beziehung zwischen Churchill und de Gaulle war übrigens nicht immer harmonisch. Viele Augen- und Ohrenzeugen berichten von heftigen Auseinandersetzungn zwischen den beiden Staatsoberhäuptern. Eines Tages, es war wohl 1942, platzte Churchill, dem die größenwahnsinnige Unverfrorenheit des Generals auf die Nerven ging:

«Was Sie da behaupten ist Unsinn! Sie halten sich wohl für Frankreich, was?»

De Gaulle antwortete seelenruhig:

«Warum reden Sie überhaupt mit mir, wenn ich nicht Frankreich bin?»

Fremdsprachen lernen und Literatur lesen – das kann man mit Hilfe der zweisprachigen Reihe des dtv. Ein Verzeichnis dieser Reihe kann beim Verlag angefordert werden.

Deutscher Taschenbuch Verlag
Friedrichstraße 1a, 80801 München
www.dtv.de zweisprachig@dtv.de